医療経営における
ホスピタリティ価値

経営学の視点で
医師と患者の関係を問い直す

吉原敬典 著

YOSHIHARA, Keisuke

HOSPITALITY
VALUE

東京 白桃書房 神田

まえがき

　本書は，ホスピタリティに対して定量的にアプローチしたもので，経営学の一分野であるホスピタリティマネジメントに関する書籍としては初めてである。また，群馬大学医学部付属病院での医療過誤を受けて出版するものである。医療経営において何が最も重要なのか。それは，医療従事者と患者との信頼関係の構築であろう。信頼関係を築くには，どうしたらよいのか。群馬大学医学部付属病院のケースでは，肝臓手術被害対策弁護団が結成されたが，何がそうさせたのか。理論的に問うたのが本書である。

　本書のタイトルは，『医療経営におけるホスピタリティ価値』である。ホスピタリティ価値は，筆者による造語である。詳しくは第5章で述べるが，「双方向的」「相互補完的」「個別的」「配慮的」などをキーワードにして生み出される価値のことである。また，患者が主観的に評価する価値のことである。その点，患者に寄り添うという表現をしてもよいであろう。ホスピタリティ価値は直接的には対価を求めないところに特徴があり，患者との相互関係・信頼関係を構築することが目的である。本書では，標準化された医療が生み出す価値については「サービス価値」と表現する。サービス価値という表現は，経営学の一分野であるサービス・マネジメント論の中で従来から論じられてきたところである。その特徴はサービス概念のルーツにさかのぼって吟味すると，「一方向的」「マニュアル的」「集団的」「義務的」などの特徴を挙げることができる。また，直接的に対価を要求する経済的動機に基づいた経済的な活動であると捉えられる。

　これからの医療に何が最も求められているのか。その重点は，個々の病院を特徴づける「ホスピタリティ価値」である。ホスピタリティ価値については対人関係面からのアプローチがあると同時に，iPS細胞に見られるように医療の進化に関する側面からのアプローチがある。具体的にはどういうことなのか。どのようにマネジメントすればよいのか。そのような立ち位置でホスピタリティマネジメントのエッセンスについて執筆したのが本書である。

ところで，現在の医療界はどうなのか。医療ほど日常的な話題に事欠かない事業はないであろう。また，随所にアンチエイジングをはじめとした健康問題が取り上げられている最近である。それは，医療が人間の生命を支える働きを有しているからであろう。読者の理解の一助になるように，医療界について概観するところから書き始めることにしよう。

　今，病院が揺れている。それに伴って国民が右往左往しているといえよう。何故か。少子高齢社会が進展する中，医療の質の向上を唱えながらも医療費の抑制を理由に医療政策，そして介護政策の遂行がスピードアップされているからである。財政事情から国民の合意形成が十分でない中，政策が断行されているといえよう。現状においては人間の生涯にわたる課題や人間の心理や尊厳そのものについて軽視した政策の遂行であるといわざるをえない状況である。そして，国民1人ひとりもその政策を受けとめきれていないのが現状である。

　加えて，患者の視点に立つと，医療界には3つの本質的な問題がある。1つは，医師が偏在していることである。第2は，在院日数の短縮化政策に基づいて一定基準の在院日数を超えた患者が退院を余儀なくされている現実がある。患者本人とその家族が翻弄されているのである。そして，第3には救急患者の受け入れを行わない病院の出現である。しかしながら，これらのことが医療関係者による悪意に基づくものでないことだけは明らかである。それどころか，医師をはじめとした医療従事者は現状を打開したいと考えているからである。このような問題は1990年代から顕著になり，未だに国民主体で解決の糸口や道筋が見えていないといえよう。

　筆者は，このような状況の中，病院の本質的な存在意義とは何か，と考え始めるようになり，その結果，医師と患者の関係のあり方を問い直さなければならないという問題意識を持つに至ったものである。本書の目的は，インフォームド・コンセント（Informed Consent）に焦点化してサービス概念，及びホスピタリティ概念の視点から検討することである。そして，インフォームド・コンセントの再解釈と再編集を試みる一助にすることが目的である。また，医師を対象にインフォームド・コンセントの実態について調査し，日

本の医療界におけるインフォームド・コンセントに関する仮説を発見し検証することである。したがって，本研究は実証的な研究であり，「仮説発見・開発型の研究」と「仮説検証型の研究」を達成しようと試みたものである。さらには，医療経営の今後のあり方について展望することが目的である。

　財源不足を理由にした医療政策が国民の不信を生み出している中，ホスピタリティマネジメントに基づいて根源的な問いを出し考察することは価値があるであろう。本研究では，医師を対象にアンケート調査を実施したことに意義を見出すものであり，サービスとホスピタリティの両概念から検討を加えることが特徴である。医療改革について本質的な解決が見えそうで見えない中，ホスピタリティマネジメントの視点からアプローチし，医療界の発展に貢献することが期待される成果である。

　以下，読者のガイドになるように第1章から第8章までの各章の概要について，それぞれ述べておくことにしたい。

　第1章は，これまでの先行研究を俯瞰し，その概要について述べたものである。医療経営の根幹として位置づけるインフォームド・コンセントへのアプローチは，下記の3つに分けることができる。1つは，医療倫理の視点からの研究である。2つ目は，医療コミュニケーション論の観点から捉えている研究である。3つ目は，法律の観点から裁判例に関する解釈をめぐって今後のあるべき姿を示す研究がある。本書は，インフォームド・コンセントとサービス概念の関係について，またホスピタリティ概念との関係について実証的に研究したものである。本書は第4のアプローチ，すなわち第4の選択であるといえる。

　第2章は，医療サービスという表現とその特徴について論じた章である。医療は，サービス業であるとする主張がある。これまで製品・商品との対比で論じられてきた無形財としてのサービスについて，医療の観点から論じることは意味がある。そこで，サービスの基礎理論について述べた。サービスの意味は何か。サービスの基本的な特徴は何か。有形財との違いは何か。無形財と有形財との関係はどうか。サービスが生み出す価値は何か。1つ1つ

論じた章である。

　第3章では，インフォームド・コンセントの概念について「患者の権利」「医師の説明義務」「医師と患者の関係」の視点から検討した。また，前章で検討するサービス概念に適合するかどうか，について論理的に導き出した章である。とくに医師と患者の関係について理論的に言及し，インフォームド・コンセントの方向性について明らかにしたものである。すなわち，本書で展開する研究を方向づける章である。なお，本章は病気が治癒する急性期医療を前提とし，自らが判断して意思決定することが可能な患者を対象にしている。

　第4章は，ホスピタリティ概念について論じた。それは，サービス概念がもともと具備している傾向を克服しなければならないからである。筆者が，サービスを超えるという意味において想定している概念はホスピタリティである。ホスピタリティ概念を適用することによって人間による活動の本質それ自体を説明することが可能だからである。また，ホスピタリティ概念は1人ひとりの人間を個別的に捉える概念だからである。本章では，サービスそのものの限界を可能性へ変換するために，ホスピタリティ概念の属性分析を行い，その援用を求めるものである。本章では，「ホスピタリティ」の中に「サービス」が包含されていることが明らかになるであろう。

　第5章は，ホスピタリティ概念によるマネジメントについてその根幹部分を明らかにする章である。従来からの「ホスピタリティ産業におけるマネジメント」としたアプローチを肯定しつつ，「ホスピタリティ概念によるマネジメント」のアプローチに可能性を見出すものである。医療経営の目的をはじめとして，医療経営の基本原理，さらには医療経営の基本にあたるサービス価値，ならびに重点としてのホスピタリティ価値についてそれぞれ明らかにした章である。ホスピタリティマネジメントの対象は，「製品・商品（有形財）」「サービス（無形財）」「人間」「物的資源（施設・設備）」「環境（自然環境・動物・植物）」の5つであり，実際のマネジメントでは経営資源の制約のもと取捨選択しなければならない。

第6章は，インフォームド・コンセントに関する調査について取り上げた。インタヴュー調査は，当初，研究テーマの当たりをつけることを意図して実施したものである。また，アンケート調査票を作成するために実施したものである。そこで，明らかになったことは，いくつかのキーワードである。そして，筆者自身の研究スタンスであるが，文献調査からインタヴュー調査へ，またインタヴュー調査からアンケート調査へと相互に関連づけながらアプローチしている。また，インフォームド・コンセントに関してアンケート調査を実施し仮説を発見した。アンケート調査は，インフォームド・コンセントをテーマとして，「Ⅰ．病院マネジメント」「Ⅱ．医師の志向」「Ⅲ．患者との関係」「Ⅳ．医療成果」の視点から医師の考えを明らかにしたものである。「病院マネジメント」「医師本人の志向」「患者との関係」の各領域に関する医師の考えと「医療成果」領域との相関関係を検討した。

　第7章は，インフォームド・コンセントに関する仮説を検証した章である。まずは仮説について補足的に説明すべくクロス集計分析と判別分析を行った。さらには主成分分析を行い，分散分析（ANOVA）とTukey多重比較検定を実施して上記仮説を検証した。その結果，医師はホスピタリティ価値を重視する志向と患者の自己決定を促す志向は，インフォームド・コンセントによる「病気の治癒効果」，及び「患者の人生や幸せへの影響度」に関係していると考えていることが判明したものである。

　第8章は，「医療経営の今後へ向けて」と題して，まとめと今後の課題について明らかにした章である。特筆すべき点は，当初，仮説に表現していなかった「ホスピタリティ価値を重視する志向性」が説明変数の中に含まれることが明らかになったことである。

　本書を企画出版するにあたって，実に多くの方々からご支援をいただいたことに感謝の辞を申し上げたい。また，本書を執筆している最中の平成27年7月28日に，東京理科大学名誉教授 片岡洋一先生がご逝去された。突然の

悲報に接し，驚きとともに痛惜の念でいっぱいである。片岡先生には，数々のお心遣いをいただいたばかりではなく，筆者が日本発のホスピタリティマネジメントについて研究する過程において大所高所からご助言をいただいた。深い哀悼の意を表するとともに，格別のご厚情を賜ったことに深甚なる感謝を申し上げる次第である。そして，本書を捧げるものである。

　最後に，本書を出版するにあたり，株式会社白桃書房の大矢栄一郎社長のご温情に深く謝意を表するものである。

　平成28年3月

吉原　敬典

【目次】

まえがき i

第1章　インフォームド・コンセントへのアプローチ 1

1.1 医療倫理からのアプローチ 1
1.2 医療コミュニケーション論からのアプローチ 3
1.3 裁判例に関する解釈からのアプローチ 4
1.4 ホスピタリティ概念からのアプローチ 6

第2章　医療サービスという表現について 10

2.1 サービスという言葉の用法について 10
2.2 サービス概念の変遷とルーツについて 11
2.3 サービスの基本的な特徴について 14
2.4 サービスが生み出す価値とは何か 15

第3章　インフォームド・コンセントについて 18

3.1 インフォームド・コンセントという表現について 18
3.2 インフォームド・コンセントの概念について 18
　　（1）患者の権利について 19
　　（2）医師の説明義務について 20
3.3 医師と患者の関係について 22
3.4 インフォームド・コンセントの方向性について 23

vii

第4章 ホスピタリティ概念について ... 27

- **4.1** ホスピタリティ概念の変遷とルーツについて ... 27
- **4.2** ホスピタリティ概念の言語的な意味について ... 29
  - (1) 自律的な存在 ... 29
  - (2) 双方向の交流 ... 30
  - (3) 相互補完の関係 ... 30
- **4.3** サービス概念とホスピタリティ概念の関係 ... 31
  - (1) 包含関係 ... 31
  - (2) 補完関係 ... 32
  - (3) 重複関係 ... 32
  - (4) 相違関係 ... 33
- **4.4** ホスピタリティ概念の理解のために－属性分析－ ... 34
  - (1) ホスピタリティ概念の特性について ... 35
  - (2) 価値創造的人間観について ... 36
  - (3) ホスピタリティを実践する医療従事者について ... 37
  - (4) ホスピタリティプロセスについて ... 37
  - (5) ホスピタリティの定義について ... 38

第5章 医療経営の基本と重点 ... 41

- **5.1** 医療経営の目的について ... 41
- **5.2** ホスピタリティ概念と患者価値について ... 43
- **5.3** 医療経営の基本原理とは ... 45
- **5.4** 医療経営の基本について ... 47
  - (1) サービス価値はマネジメントの基本 ... 47
  - (2) 理念 ... 50
  - (3) 管理 ... 51
  - (4) 実施 ... 51
- **5.5** 病院とサービス経営について ... 52
- **5.6** これからの医療経営の重点とは ... 54
  - (1) マネジメントの重点はホスピタリティ価値 ... 54

（2）ホスピタリティ価値を共創する円卓発想について………………58
5.7　ホスピタリティ概念に基づく医療経営について…………………………62

第6章　インフォームド・コンセントの俯瞰図……………………………66

6.1　インタヴュー調査について………………………………………………66
　　（1）対象者と質問内容について………………………………………66
　　（2）インタヴュー調査から明らかになったキーワードについて………67
6.2　アンケート調査のフレームワークについて……………………………68
　　（1）調査の視点…………………………………………………………68
　　（2）アンケート調査の実施方法………………………………………69
　　（3）調査の結果…………………………………………………………70
　　（4）考察…………………………………………………………………84

第7章　仮説の発見と検証……………………………………………………91

7.1　インフォームド・コンセントについての仮説……………………………91
7.2　仮説の補足説明……………………………………………………………92
　　（1）グループの特性に関する結果について…………………………92
　　（2）グループを分ける決定要因に関する結果について……………93
7.3　仮説の検証…………………………………………………………………93
　　（1）主成分分析の結果について………………………………………94
　　（2）分散分析と多重比較検定の結果について………………………95
7.4　考察…………………………………………………………………………97
　　（1）仮説の補足説明に関する考察……………………………………97
　　（2）仮説の検証結果に関する考察……………………………………99

第8章　医療経営の今後へ向けて……105

8.1　まとめ……105
8.2　今後の課題……106
   (1) 患者満足を補強するマネジメントの研究……106
   (2) 患者の主観的な評価価値に関する研究……107
   (3) 相乗効果向上のためのマネジメントの研究……107
   (4) 自律性の研究……108
   (5) 人事処遇の体系に関する研究……108
   (6) 病院機能に関する研究……108
   (7) 地域包括ケアに関する研究……109

■謝辞……110

■資料……112
   資料Ⅰ．アンケート調査票……114
   資料Ⅱ．アンケート調査の結果について……132
   資料Ⅲ．インタヴュー調査の結果について……149

- 参考文献……151
- 索引……158
- あとがき……166

【図表目次】

図1-1	医療経営のフレームワーク	7
図2-1	サービス提供者とサービス享受者の関係	13
図3-1	インフォームド・コンセントにおける医師と患者の関係	23
図4-1	サービス概念とホスピタリティ概念の原点	33
図4-2	ホスピタリティ概念の属性分析	34
図4-3	3つの領域	36
図5-1	患者価値（Ⅰ）	43
図5-2	円卓型のチーム運営	60
図6-1	調査のフレームワーク～インフォームド・コンセントに関する俯瞰図	68
図6-2	性別の内訳	71
図6-3	年代の内訳	72
図6-4	医師になってからの年数内訳	72
図6-5	病床数の内訳	73
図6-6	病院職員数の内訳	74
表4-1	サービスとホスピタリティの概念比較	33
表4-2	ホスピタリティプロセスの進化	37
表5-1	患者価値（Ⅱ）	44
表6-1	所属診療科の内訳	73
表7-1	主成分得点によるグループ分類	96

第1章 インフォームド・コンセントへのアプローチ

　医療経営の根幹であるインフォームド・コンセントに関する先行研究については，下記の3つのアプローチに分けることができる。1つは，医療倫理の視点からの研究である。2つ目は，医療コミュニケーション論の観点から捉えている研究である。3つ目は，法律の観点から裁判例に関する解釈をめぐって今後の方向性を示す研究がある。順次，述べていくことにしよう。

1.1　医療倫理からのアプローチ

　第1の医療倫理については，唄孝一が1970年に「治療行為における患者の承諾と医師の説明」のもと，インフォームド・コンセントの概念について説明した経緯がある[1]。これが，日本におけるインフォームド・コンセントの始まりである。医療倫理に関する研究については，倫理綱領や倫理規範に関する指針が多く示されている。1947年の「ニュールンベルク綱領」では，人間に関する種の医学的実験を前にして，いくつかの基本的原則の遵守について明記されている。「患者の権利章典に関する宣言」（1973年）では，アメリカ病院協会によって患者の権利が打ち出された。また，「患者の権利に関するWMAリスボン宣言」（1981年）が世界医師会総会で採択された。そして，1982年には「インフォームド・コンセントに関するアメリカ合衆国大統領委員会報告の概要」が世に出たのである。この報告の概要は，医療者と患者の相互尊重と参加によって意思決定がなされることなどを明確にしたことである。アメリカ医師会は1980年に「患者の権利」倫理綱領を改定し，また日本医師会生命倫理懇談会においても1990年に「説明と同意について報告書」を出したうえで，2000年には医師の倫理綱領を改定した。上記した以外にも，下記

の通り，数多くの宣言や綱領等が取り上げられている。

「ジュネーブ宣言[2]」（1948年・WMA総会）
「医の倫理の国際綱領」（1949年・WMA総会）
「医師の倫理」（1951年・日本医師会）
「ヘルシンキ宣言」（1964年・世界医師会総会）
「シドニー宣言」（1969年・世界医師会総会）
「障害者の権利宣言」（1975年・国際連合総会）
「患者の権利と責任[3]」（1983年・日本病院協会）
「マドリード宣言」（1996年・世界精神医学会総会）
「THE PATIENT SELF-DETERMINATION ACT」（1991年・PSDA）

　医療倫理は，医師をはじめとして医療に携わるものの行動規範を提供するものである。主に患者との関係のあり方について研究が進んでいるといえる。ヒポクラテスの誓い[4]の中にある「善行の原則」から患者の自律を尊重する「自律の原則[5]」へ規範の変換を促していることは1つの成果である。善行の原則とは，患者にとって良いことをするという医療行為に関する原則である。すなわち，患者の利益になる医療行為をすることである。また，自律の原則とは，患者が医師から示された治療方針などについて自らの意思に基づいて判断し同意して自己決定しようとする原則のことである。これらには，フェイドンとビーチャム（1986）による研究成果がある[6]。
　現在，インフォームド・コンセントは，医療倫理の中心的なテーマになっているといえる。しかし，インフォームド・コンセントを実践の段階まで導いているかといえば，そうではないのが現状である。医療倫理が抽象性の高い規範であるとすれば，これを具体的な行動レベルの内容と結びつけるとともに，その理論的な根拠が必要である。そこまでには至っていないのが現状である。医療倫理からのアプローチの限界であるといえる。

1.2 医療コミュニケーション論からのアプローチ

　第2は，医療におけるコミュニケーションの中でインフォームド・コンセントを取り上げるアプローチである。これまでのインフォームド・コンセントに関する研究は，患者の意識や意向を尋ねる研究が多く見受けられた。例えば，佐伯（1993）らが行ったアンケート調査などはこれに該当する[7]。そこでは医師による説明のわかりにくさを患者が納得していない理由について挙げている。すなわち，医師による説明が一方向的であること[8]，また専門用語が多く患者の理解する能力を考慮に入れていないことなどを挙げている。

　また，西垣他（2004）や中西（1995）の研究についても同様である。西垣他は，患者の医師に対しての不信の構造について明らかにしている[9]。研究によれば，患者は医師が手術を勧める場合に，医師が手術をしたがっていると感じていた点を指摘している。さらには，患者が自らの意見をはっきりといえばよかったと考えるものの，自分からいえなかった点についても指摘している。

　中西（1995）は，患者の「ゆれ」に焦点をあて，患者が医師による治療に対して納得がいかない事例を取り上げている[10]。その事例については，主治医以外の医師がかかわった際に，医師によって治療方針等の説明が異なった場合には，患者は納得いかないことが考えられるとしている。また，手術をする場合に医師と患者がそれぞれ何を重視しているのか，その違いをお互いが理解していないことについても明らかにしている。

　足助他（1999）は，医師と看護師の連携についての問題を取り上げている。看護師が知らないうちに医師が患者に説明したケースで，看護師が患者から医師による説明を受けたことを告げられたことで，患者が医療関係者に対して不信感を抱いた事例について指摘した。この研究は，現在，盛んに行われている多職種連携の問題を示唆しているものと考えられる[11]。

　また，吉武（2007）はインフォームド・コンセントにおける意思決定の課題と方法，及び医療における意思決定のあり方について研究している[12]。吉武による研究は，医療の合意形成を実現する話し合いの手続きについて提起している。また，合意形成の方法を取り入れた医療倫理教育の可能性についてスタディーしている。

このように医療コミュニケーション論の多くはコミュニケーション上の阻害要因を明確に把握しようとする研究であり，コミュニケーションがうまく取れないという事例に関する研究であるといえよう。これらの研究は，現時点においては，医師と患者の相互作用や医療関係者の連携といった現実の場面に応えられる段階にあるとはいえないであろう。なぜならば，その背景には情報の非対称性を前提にしているからである。すなわち，医師と患者は医療成果に対して相互補完の関係にはなりえないとする論である。情報の非対称性にかかわる議論については医師と患者はコミュニケーション不能であるとするところまで踏み入っている場合も考えられるであろう。現在の医療コミュニケーション論に関する研究が，果たしてインフォームド・コンセントの基本的な理念に適しているアプローチなのか。患者の意識や意向を尋ねる研究も必要である。その一方で医師は一体どのように考えているのかの研究も求められているところである。医療コミュニケーション論からのアプローチが人間の本質的な姿・存在を言い当てているものなのかどうか，について再検討する必要がある。

1.3 裁判例に関する解釈からのアプローチ

第3は，法律的な解釈からインフォームド・コンセントに対してアプローチする研究がある。診療契約については，民法645条を根拠にしている。受任者の報告義務として，「受任者は委任者の請求あるときは何時にても委任事務管理の状況を報告しまた委任終了の後は遅滞なく其顛末を報告することを要す」とある。診療行為の本質として報告義務について述べているのである。これは，医師の説明義務の根拠になっているといえる。また，医師法第23条には，「医師は，診療したときは，本人またはその保護者に対し，療養の方法その他保健の向上に必要な事項の指導をしなければならない」としている。医師から患者に対しての説明について具体的な判断をする際の考え方には，次の3つがある。1つの考え方は，合理的医師基準説である。同じ状況下で合理的な医師であれば行うであろう説明が基準となる。第2は，合理

的患者基準説である。同じ状況下にある合理的な患者に重要な情報を説明すべきだとする考え方である。3つめは，具体的患者基準説である。この考え方は，合理的な患者にとっては重要な情報ではないが，具体的な患者にとっては説明すべき重要な情報であるとする考え方である。近年では，合理的医師基準説を基調としつつ，患者の個別的な状況や希望に着目する裁判例も出ている。例えば，医師の説明義務に関する判例としては，下腿骨骨折治療の手術に伴い，化膿性骨髄炎に罹患した事例について，約1.5％の確率で細菌感染が発生する危険がある場合に，その危険を具体的に説明すべきであるとした裁判例がある。このようなアプローチは法律の観点から裁判例に関する解釈を主な研究対象とし，次の項目について明らかにしている。

「説明義務の種類」「説明義務の範囲と程度」
「説明義務の内容」「説明の方法」
「医療水準との関係」「医師の裁量権」
「責任の帰趨」「医師の説明義務違反」
「説明義務違反の効果」「治療方法の決定」
「損害賠償の範囲と因果関係」「説明義務違反の立証責任」

また，家族に対する告知・説明義務や確定診断のための検査拒絶に関する医師の注意義務，患者の治療拒否と医師の注意義務についても含むものである。これらは，承諾の方法と内容を含めて患者の自己決定権を重視する傾向が強くなっていることについて言及している。そして，自己決定権を保障する観点から研究が進んでいるといえる。これらの研究については１つの価値判断は提供しているものの，インフォームド・コンセントを行う場において望ましい実践ができるかどうか，については研究対象の外である。そこには立場や役割は異なるが，おのずと医師と患者の双方ともにどのような存在なのか，またどのように働きかけ合うのがいいのかについて検討しておく必要がある。

1.4 ホスピタリティ概念からのアプローチ

　以上の点をふまえて，上記したアプローチについて共通的にいえることは，マネジメントの発想が不足している点である。筆者は第4のアプローチ，すなわち第4の選択を提示するものである。本書はインフォームド・コンセントを研究対象としサービス概念からアプローチしている。また，ホスピタリティ概念の視点から考察している。インフォームド・コンセントとサービス概念の関係について，さらにはホスピタリティ概念との関係については実証的な研究が行われていないのが現状である。

　ホスピタリティのルーツはラテン語のHospesであるが，そこから派生した言葉の1つにHotelがある。また，Hospitalがある。[18] このような言語的な成り立ちや意味からすると，病院すなわちHospitalは極めてホスピタリティを実践している場でなければならないはずである。このことを実際に検証する必要があるが，ホスピタリティ概念から病院という存在に対してアプローチした研究は見当たらない。さらには，ホスピタリティ概念の視点からインフォームド・コンセントについて検討している研究はないといえる。

　ホスピタリティを実践するための1つの場として，インフォームド・コンセントを捉えることは可能である。また，本書はHospitalとしての病院において1人の主体者である医師がどのように考えているのかについて，医師を対象にアンケート調査を実施したものである。

　以下は，本書が提唱する「医療経営のフレームワーク」で，読者のガイドラインになり得るものである。医療経営の目的は，「活私利他」（かっしりた）」である。すなわち，医療従事者の能力発揮（活私）と患者の主観的な評価価値（利他）をともに最大化することである。そのために，図1-1にあるように，後述するホスピタリティマネジメントの基本原理に依拠して，「人間価値」「サービス価値」「ホスピタリティ価値」をマネジメントするというものである。そうすることで，医療成果を上げようとする経営でありマネジメントである。本書で考える医療成果とは，「病気の治癒」と「QOL（Quality of Life）の向上」である。また，患者ならびに医療従事者は共に自己効力感の向上を期待できるようになるかもしれない。

図1-1　医療経営のフレームワーク

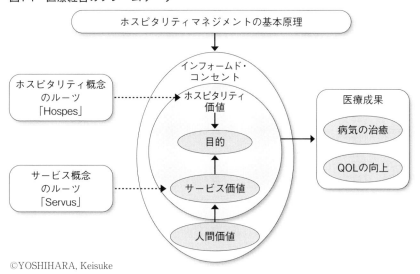

©YOSHIHARA, Keisuke

　組織は，自らの永続的な生存可能性と患者との共存可能性のどちらも高めていかなくてはならない。自己利益の最大化のみを目的とする場合，いかに患者不在に陥りやすいことか。企業などの不祥事を見ると一目瞭然である。

　また日本は，急速に高齢社会へ突入する中，ますます世代，年齢，性別，経験を超えて，互いに交流し合い高めあうことが求められているといえよう。それは，誰もが加齢による老いを経験し，これまで出来ていたことが出来なくなっていくからである。

　1人ひとりがその人らしく生ききるとはどういうことなのか。困っている人が困らないようにするためには，どのようにマネジメントしなければならないのか。我慢していることがあるとすれば，我慢しなくて済むようにどうマネジメントするのか。本書は，これらの重要極まりない問いに対して1つの解を導き出そうとするものである。

■ 注

1)　参考文献［5］を参照。
2)　「ニュールンベルク綱領」が出された翌年には，「ジュネーブ宣言」がスイス・ジュネー

プにて開催された第2回WMA総会で採択された。下記の通り，1人の医師としての誓いが明記されている。参考文献［19］246頁を引用し適用した。

　　医師の1人として参加するに際し，
- 私は，人類への奉仕に自分の人生を捧げることを厳粛に誓う。
- 私は，私の教師に，当然受けるべきである尊敬と感謝の念を捧げる。
- 私は，良心と尊厳をもって私の専門職を実践する。
- 私は，私の患者の健康を私の第一の関心事とする。
- 私は，私への信頼のゆえに知り得た患者の秘密を，たとえその死後においても尊重する。
- 私は，全力を尽くして医師専門職の名誉と高貴なる伝統を保持する。
- 私の同僚は，私の兄弟姉妹である。
- 私は，私の医師としての職責と患者との間に，年齢，疾病や障害，信条，民族的起源，ジェンダー，国籍，所属政治団体，人種，性的オリエンテーション，或いは，社会的地位といった事がらの配慮が介在することを容認しない。
- 私は，たとえいかなる脅迫があろうと，生命の始まりから人命を最大限に尊重し続ける。また，人間性の法理に反して医学の知識を用いることはしない。
- 私は，自由に名誉をかけてこれらのことを厳粛に誓う。

3) 1983年1月に発行された『勤務医マニュアル』（日本病院協会）では，医師の説明義務，ならびに患者の権利と責任について明記している。参考文献［19］272頁を引用し適用した。以下に取り上げる。
- 医師（主治医）は病状に基づく知見を患者に説明しなければならない。その際十分配慮した言葉を選択し，患者に不安を起こさせぬよう留意する。また手術及び検査などについても事前に説明し，その目的，理由，方法などから予測される危険なども説明して患者に対し不必要な不安を与えないように務め，その行為に患者の協力が必要であることを説明しなければならない。
- 患者は指示された療養について，専心これを守ることを心がけねばならない。これは法律的義務ではなく，疾病に対して医師と協同して効果をあげることが必要だからである。
- 患者は自己の心身の状況などを主治医または担当医に話す責任がある。
- 患者の受療に対する倫理的権利として次の各項がある（カッコ内は生命倫理の原理を示す）。
    1. 医療上最適のケアを受ける権利（恩恵享受の原理）
    2. 適切な治療を受ける権利（公正の原理）
    3. 人格を尊重される権利（人権尊重の原理）
    4. プライバシーを保障される権利（守秘義務の原理）
    5. 医療上の情報，説明を受ける権利（真実告知の原理）
    6. 医療行為（法による許可範囲外）を拒否する権利（自己決定の原理）
    7. 関係法規と病院の諸規則などを知る権利

4) 参考文献［47］を参照。ヒポクラテスの誓いについて，以下に掲載する。

「医神アポロン，アスクレピオス，ヒギエイア，バナケイア，及びすべての男神と女神たちの御照覧をあおぎ，次の誓いと師弟誓約書の履行を，私は自分の能力と判断の及ぶかぎり全うすることを誓います。この術を授けていただいた先生に対するときは，両親に対すると同様に，共同生活者となり，何かが必要であれば私のものを分け，また先生の子息たちは兄弟同様に扱い，彼らが学習することを望むならば，報酬も師弟誓約書もとることなく教えます。また医師の心得，講義そのほかすべての学習事項を伝授する対象は，私の息子と，先生の息子と，医師の掟に従い師弟誓約書を書き誓いを立てた門下生に限ることにし，彼ら以外の誰にも伝授はいたしません。養生治療を施すにあたっては，能力と判断の及ぶかぎり患者の利益になることを考え，危害を加えたり不正を行う目的で治療することはいたしません。また求められても，致死薬を与えることはせず，そういう助言もいたしません。同様に婦人に対し堕胎用のペッサリーを与えることもいたしません。私の生活と術をともに清浄かつ敬虔に守りとおします。結石患者に対しては，決して切開手術を行わず，それを専門の業とする人に任せます。また，どの家にはいっていくにせよ，全ては患者の利益になることを考え，どんな意図的不正も害悪も与えません。とくに，男と女，自由人と奴隷のいかんをとわず，彼らの肉体に対して情欲をみたすことはいたしません。治療のとき，または治療しないときも，人々の生活に関して見聞きすることで，およそ口外すべきではないものは，それを秘密事項と考え，口を閉ざすことにいたします。以上の誓いを私が全うしこれを犯すことがないならば，すべての人々から永く名声を博し，生活と術のうえでの実りが得られますように。しかし誓いから道を踏みはずし偽誓などすることがあれば，逆の報いを受けますように。」

5）ホスピタリティ概念について説明する際の構成要素の1つである。本書第4章を参照のこと。
6）参考文献［100］を参照。
7）参考文献［52］を参照。
8）サービス概念について説明する際に，効率性（Efficiency）と並んでコアになる特徴である。本書第2章を参照のこと。
9）参考文献［44］を参照。
10）参考文献［43］を参照。
11）参考文献［4］の1168頁-1173頁を参照。
12）参考文献［85］を参照。
13）民法645条。
14）医師法第23条。
15）参考文献［13］の56頁を参照。
16）参考文献［33］の227頁を参照。大阪地判平7・10・26判夕908・238。
17）参考文献［19］［33］を参照。
18）参考文献［64］を参照。

第2章 医療サービスという表現について

　医療は，サービス業であるとする主張がある。これまで製品・商品との対比で論じられてきた無形財としてのサービスについて，医療の視点から論じることは意味があるであろう。そこで，サービスの意味，サービスの基本的な特徴，有形財との違い，サービスが生み出す価値について，医療との関係で順次，述べていきたい。

2.1 サービスという言葉の用法について

　サービス（Service）という言葉の意味は多様である。当初は，経済学の視点からサービスが取り上げられた[1]。古典派経済学やマルクス経済学では，サービスは非生産労働とされ，まったく軽視された存在であった。19世紀末にはこの考え方はなくなり，その後，近代経済学においては「無形財」として捉えるようになった。そして，コーリン・クラークの産業分類によってサービスと呼称された産業は第三次産業に分類されるようになったのである。
　一方，経営学では清水滋が4つに分類した[2]。1つは態度である。態度とは，ある対象への一貫性のある行動の傾向という意味がある。第2は組織が負担するコストによって提供されることで，ゲストにとっては「無料」という意味がある。組織の犠牲によって実現されることから，サービスの特徴を無償性と受けとめている人は現在も多く見受けられる。第3は，サービス精神という表現に代表されるように精神（Spirit）を意味するものである。第4は，無形財といわれる所以であるが，活動・機能という意味で使われている。因みに，前田勇は「機能的サービス」と「情緒的サービス」を分けて提示している[3]。

本書ではサービスを「有形財との組み合わせによる活動・機能の効率的な提供」と捉える。フィリップ・コトラーがいうように，すべての事業はサービス業であるという意味はサービスの割合が大きいか小さいかであり，有形財との組み合わせは否定できないところである[4]。また，人的対応としての態度などをどう捉えるかについては考えどころではあるが，仮にサービス提供側の態度が良くない場合においても，対価を伴うという点においてはサービスの有用性は変わらないといえる。

　消費者，生活者，お客様，ゲストの側に立てば，サービスもホスピタリティもその捉え方に違いはないであろう。つまり，すべてをサービスと理解して受けとめるであろう。しかし，ホストである提供側においては少し視点が異なる。本書は，ゲストが自らの主観的な評価情報である顧客価値（Customer Value）を求めている状況の中，サービスとホスピタリティを峻別することで効果的なマネジメントを行えるとする立場を強調するものである。この点については，第4章で取り上げることにしよう。

2.2　サービス概念の変遷とルーツについて

　これまでサービスは，製品・商品の従属的な位置づけにあったといえる。しかしながら，今日，無形財としてのサービスは形あるモノと同様に組織の繁栄を支えるための構成要素にまで進化している。また，無形財としてのサービスは有形財との組み合わせによって成り立つものである。サービスの本質は何か。それは，顧客が本来的に行えること，また行えないことを代行して提供するところにあると捉えることができるだろう。医療の場合には，患者が本来行えないことを専門的な医学知識や医療技術によって提供する活動・機能，ならびに検査機器や薬品などの有形財との組み合わせで提供されると捉えられる。法律的には，委任契約を取り結ぶ行為として捉えることができよう。

　サービス概念のルーツはエトルリア語から派生したラテン語のServusであり，転じてSlave（奴隷）やServant（召し使い）という言葉を生み出している[5]。したがって，他者に仕えるとか奉仕するといった意味で理解することが

できるのである。主にホスト（Host）である医師が，ゲスト（Guest）である患者に対して一方向的に働きかける傾向を含意していると捉えることができよう。従属的で一方向的な関係を維持し固定化させることを意図しているものといえる。

　医療サービスという表現については，本質的には医師による代行機能の提供であり，その提供に対して対価としての診療報酬が支払われることを基本的な仕組みとしている。よって，経済的な動機に基づいて行われる経済的な活動として捉えることができるのである。また，理論的には有形財との組み合わせで提供される活動・機能をサービスとして捉えることが可能である。その理由は，生身の人間によって表現される態度が伴わなくても，活動・機能の有用性が対価の対象になっているからである。しかし，病院においては医療従事者の態度が機械的で冷たい印象を与えているのであれば患者の心理面に計り知れないネガティブな感情を生じさせ，病状に対して影響し，さらには信頼関係とは逆の反感や敵意を生み出しかねないことについて留意しなければならないところである。

　一般的にサービスに関して事業を起こす場合には，次の3つの視点が考えられる。第1は，顧客が持っていない能力を提供する場合について起業チャンスがあるであろう。医療サービス事業については，医師による業務独占事業であり，基本的に患者は医師に依存せざるをえない関係にある。第2は，資源を組み合わせて活用する場合が考えられる。医療の場合には，病院とドラッグストアや介護事業との連携などが考えられる。さらには，勤務医と開業医との連携についても考えられるところである。口腔ケアについては医科と歯科との連携について考えなくてはならない。地域包括ケアによる医療と介護の関係についても基本的にはこの考え方に基づくものである。第3は，経験の中から蓄積してきたノウハウを提供する場合がある。例えば，治療の方法などがある。また，病院経営に関するコンサルティングなども1つの例である。医学知識や医療技術の進化の場合，数多くの経験が1つ1つ積み重ねられて成しとげられるものである。

　サービス活動の目的であるが，上記した概念ルーツからいえることは効率性を高めることであると理解できよう。内部的には組織を継続的に維持する

に足るだけの適正な利益を確保することである。すなわち，「無駄なく」「無理なく」「ムラなく」を達成する概念である。その目的のために，売上を上げること，コストを削減すること，利益を上げることなどの経営指標が基本になる。医療に関する価格は国が定めた公定価格としての診療報酬であり，患者数を増加させることとコストを削減することが病院存続のために重要である。病院経営を概観すると，全体的には効率性を高める取り組みが弱いといえる。施策として標準化，システム化，マニュアル化，IT化，ロボット化，機械化等が考えられる。診療報酬が決められている中，売上を増やすためには患者数を増加させる必要がある。また同時に，コストを削減することによって利益を確保することが求められている。今後，医療従事者の中にコスト意識を醸成する機会を持つ必要があるであろう。病院で働く人間をはじめとして経営資源を有効に活用することも検討していかなければならない。これからの病院経営を考えると，手を打つべき課題は多いといえる。

　以上のことから，医療サービスについては「医療従事者が患者に対して，一方向的に効率的に役に立つ活動・機能を有形財と組み合わせて提供し，患者が医療従事者に対して対価を支払う経済的動機に基づいた経済的な活動である」と定義することができる。

図2-1　サービス提供者とサービス享受者の関係

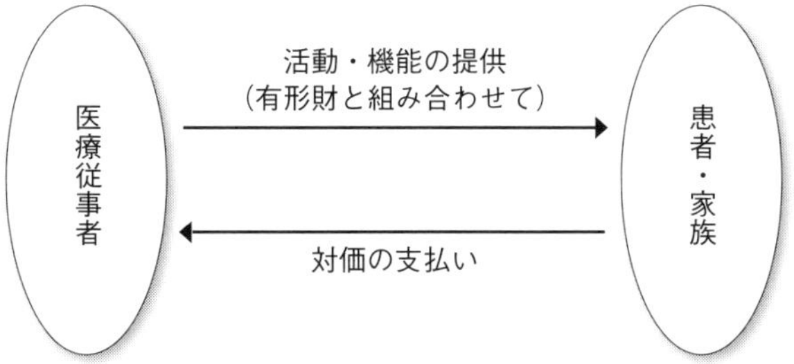

医療従事者 → 活動・機能の提供（有形財と組み合わせて） → 患者・家族
患者・家族 → 対価の支払い → 医療従事者

注：有形財との組み合わせについては，参考文献［115］日本語訳の254頁を参照のこと。

2.3 サービスの基本的な特徴について

　サービスとモノ（製品・商品）とは何が異なるのであろうか。基本的な特徴とは何か。サービスは具体的な形ではなく，活動や機能としての医療行為を提供して，患者はその行為を受けとることが第1の特徴である。手術をするという機能や活動を提供して，対価としての診療報酬を受けとるのである。この点，認識することが困難とされるところの無形性（Intangible Goods）が基本的な特徴であるといえる。しかし，サービスは，実際には形あるモノ（有形財）を使用して提供されることがよくある。すなわち，モノそのものは直接的に提供されないがモノを介してサービスが提供されている場合である。例えば，検査などは1つの例である。医療行為についてはどうか。種々の道具（モノ）を介して行われている点では同様であるが，治癒した後の身体や心理状態については生産された成果として把握できるであろう。神の被造物である人間が対象であるが，決してモノとは表現できない。また，表現すべきではない。一定の活動成果として，心理状態を伴った形ある身体として捉えることが可能である。また，診察後に処方される薬品などは有形財として捉えられる。このように考えると，医療サービスの場合，無形性と有形性（Tangible Goods）のどちらが大きいか小さいかの捉え方が可能である。両方を兼ね備え，その組み合わせで提供されると解釈することが可能である。

　第2の特徴は，同時性である。一過性や不可逆性と表現してもよい。サービスを生産して提供する行為とサービスを享受して消費する行為が同時に行われるところに特徴がある。したがって，作り置きできない，やり直しがきかない，などの基本的な特徴を有しているのである。医療サービスについては，まさに繰り返しができない行為である。すなわち，医療サービスは本来的には失敗ができないのである。医師が最善を尽くす行為として捉えられる所以でもある。そして，医療ミスや医療事故が問題になる根拠でもある。原子力発電の問題もしかりである。また，同時性という特徴はサービスを提供する主体と享受する対象者の両者が存在しなければ成り立たないことを意味するものである。その点，医療サービスの提供と享受についてはその時間と場所が特定可能である。また一方，デジタル化が進展する中，ゲストはパソ

コンやiPhone・iPadを使用して，自らが好むタイミングで情報提供を受けるとともに，何回でもソフトウェアによるサービス（無形財）を利用可能である。すなわち，繰り返し性や再現性といった特徴を有しているといえる。

第3に強調しておかなければならない特徴として，一方向性がある[7]。サービスは主として医師から患者への一方向的な理解に基づいて行われる行為であると捉えられよう。上記したようにサービスという言葉のルーツからしても明らかである。インフォームド・コンセントの現状についてもそのようにいえないであろうか。その点，一般的には義務的で機械的に行われる傾向が指摘されているところである。したがって，サービスはもともとクレーム（Claim）やコンプレイント（Complaint）が生み出されやすい土壌にあるといえるのである。

その他，クオリティ（Quality）の評価については満足といった患者の主観的な基準に依存せざるをえない点である。また，有形財の場合と異なって人間を対象にしていることも特徴の1つである。さらには，医療サービスの場合，医療従事者による患者に対しての対価を伴わない医療行為なども考えられる。人命にかかわる仕事であるだけにコストを計算に入れることが難しい行為であると言ってもよいだろう。したがって，必ず原価を伴う有形財とは異なり，コストの算出が困難な点などが挙げられる。また，天候や季節などの自然の環境要因によって引き起こされる感染症などへの対応も熟慮されていることが求められる。これらの対策は予測困難ではあるが，国として医療提供体制を備えておかなくてはならないところである。

では，サービスだけでは何が足りないのか。何によってサービスが持つメリットを生かし，デメリットを補うことができるのか。このことについては，第4章で取り上げることにしたい。

2.4　サービスが生み出す価値とは何か

サービス行為が生み出す価値（サービス価値）とは何か。第1は，効率性という価値である。無駄なく，無理なく，ムラなく，より多くのものを提供

できるようにすることである。そのためには当該業務を標準化し，システム化する。また，具体的にはマニュアル化して，誰が行っても同じ出来栄えや仕上がり具合になるようにすることである。現実的には，人間が単位時間当たりに多くの動作を行うことが可能となるように，ITやロボットを利用した機械化による自動化を組み入れることである。効率性という価値は，医療の標準化によって生み出されるといえる。第2の価値は，迅速性であり，より早く（速く）提供することが期待されている。短い時間内に複雑な手続きを終えることは，サービス享受者のイライラ感を軽減することに大いに役立つものである。患者からすれば，待ち時間の短縮は求めつつも我慢しているのが現状であるといえる。第3は，サービスを利用する際の料金体系の明瞭性である。ヤマト運輸の宅急便などは当時の業界内においては異例であった。医療の場合は，患者から見て不明瞭でわかりにくい現状がある。第4は，施設・設備面や働く人の身なり等に関する清潔性が挙げられる。第5は，最も重要な価値として安全性に関する価値である。安全性価値については，医療機関と患者の約束事として捉えることが重要である。何はさておいてもすべての価値の基本になくてはならない。いわば，医療経営の生命線に当たる価値であり，事業継続の資格が問われる価値でもある。そのことを前提として，患者の不安感を安心感へと変えることができるのである。

　1982年2月8日にホテルニュージャパンにおいて火災が発生した。後にわかったことであるが，ホテルの外装は見栄えがよく一度は宿泊してみたいと思わせる豪華さを売りにしていたホテルであった。しかし，経営自体は経済合理性のもと，自己利益の最大化を目的にして安全性という価値を無視しコスト削減に向かっていたのである。すなわち，いざという時に火災報知機が作動しないばかりか，天井に取り付けられていたスプリンクラーは水が出ない飾りであった。また部屋と部屋の間の壁は壁紙が貼られていたが，壁紙の中は穴だらけで断熱材が使用されていなかったのである。医療経営において，ぜひとも教訓にしたい事件である。その点，経営の根幹にかかわるという意味で医療経営の基本原理は何か。第5章で述べることにしたい。

■ 注

1) 参考文献［98］を参照。
2) 参考文献［57］を参照。
3) 参考文献［34］［35］を参照。
4) 参考文献［115］日本語訳の254頁を参照。
5) 参考文献［64］の321頁-322頁を参照。
6) サービスについては無形財としての解釈のほかに，本質的にはゲストに代わって行うという意味で「代行」機能の提供という解釈が成り立つ。今日ではサービスは無形財だけとも言い切れない状況があり，有形財と組み合わせて提供されることが多く見受けられる。
7) 参考文献［30］を参照。サービスの基本的な特徴の1つとして「協同性」が挙げられ，サービス提供者とサービス享受者との相互作用論を提起している文献が多い。しかし，「サービス概念のルーツやサービス活動の実態」と「相互作用という表現」との間には，その乖離のみを印象づける結果になっているといえよう。

第3章 インフォームド・コンセントについて

　本章では，インフォームド・コンセント（Informed Consent）の概念がこれまで検討してきたサービス概念に適合するものなのかどうなのか，について論理的に導き出すものである。また，医師と患者の関係について理論的に言及して，本研究を焦点化し方向づけることが目的である。なお，本書は病気が治癒する急性期医療を前提にして，また自ら判断し意思決定することが可能な患者を対象とするものである。[1]

3.1　インフォームド・コンセントという表現について

　インフォームド・コンセントという表現は，いつから使用されるようになったのであろうか。1957年にマーティン・サルゴは，腰部から大動脈造影検査を受けた際に下半身が麻痺した。所謂，サルゴ事件が発生したのである。[2]サルゴは，医師が検査をする際に麻痺のリスクについて説明しなかったことは過失であるとして訴訟を起こしたのである。判決では，医師は患者が同意するためのあらゆる事実を開示する義務があるとした。初めてインフォームド・コンセントという言葉が世に出たのは，この裁判であった。この裁判を通じて，医師の十分な説明が伴って患者が同意できることが指摘されたものである。

3.2　インフォームド・コンセントの概念について

　インフォームド・コンセントは，医師の説明と患者の同意・承諾を中心にして患者の自己決定を支援する概念であるということができる。[3]また，イン

フォームド・コンセントは，いうまでもなく医師と患者の両者が存在して成り立つ概念である。そして，患者が健康を害した時に初めて，医師はいなくてはならない存在となる。医師は，初診を含め診察して，診断し，治療するという立場である。一方，患者は非日常の病気（Illness）に罹患した時にそれに立ち向かうという立場である。両者の目的は，早期に病気を治癒させることである。患者のみが治すことに懸命になったとしても，医師はどうなのか，が問われなくてはならない。また，医師のみが病気を治癒させるべく最善を尽くしたとしても，病気は治らないことは自明である。医師と患者の双方が共通の目的である病気の治癒に向かうことが必須である。

したがって，インフォームド・コンセントの概念については，先述したサービス概念のみでは説明することができないといえる。医師と患者双方の相互補完的な関係性を介して成り立つ概念であると捉えることができるからである。例えば，医師が患者に医学的な侵襲を行う場合には，患者やその家族に説明しなければならない。そして，患者の承諾を得なければならないのである[5]。

また，インフォームド・コンセントの基本的な理念とは何であろうか。それは，患者自らの心身についての自己決定と自律性の尊重である。自らの意思で選択し自己決定したことについてはその後の自身の行動力が内発的に生み出されることはよく知られているところである。一方，自律性については，第4章で述べるホスピタリティのコア概念である。それゆえ，ホスピタリティ概念と適合関係にあることが考えられるところである。以下，患者の権利と医師の説明義務の観点から法的な根拠を明らかにしておきたい[6]。

(1) 患者の権利について

インフォームド・コンセントの概念を構成する1つが，「コンセント（Consent）」である。コンセントには，医師の説明に対して患者が同意するという意味がある。また，承諾と表現する場合がある。適正な医療行為であっても，患者の承諾がなければ違法となる。すなわち，患者は自身に何が行われようとしているのか，医療行為の目的とその内容について理解し認識していなければ，どのような承諾も有効とはいえない。また，治療等を拒否する権利についても包含している概念である。したがって，患者が医師から提示

された治療方針と方法を理解し自分で選択し決定する自己決定の権利について規定しているものである[7]。治療による副作用や治療に伴うリスクがある場合,代替可能な治療方法の選択や治療そのものを拒否することについても患者本人に選択権があると捉えられている[8]。

　日本においては,1991年に患者の権利法をつくる会が「患者の権利法要綱案」を公表した[9]。それによると,全体は第6章から構成され,第4章において患者の権利各則を示している。権利各則は13項目から成り,3番目に「インフォームド・コンセントの方式,手続きに関する権利」を挙げている[10]。さらにいえば,4番目には「医療機関を選択する権利と転医・退院を強制されない権利」[11]がある。1995年あたりから病院によっては医療従事者が治療の必要性を判断しても医療費の削減を理由に長期療養の患者が退院を余儀なくされるケースが頻発した。これについては,インフォームド・コンセントと並んで緊急の課題であるといえる。それは,基本的な人権を軽視している可能性があると考えられるからである。

(2) 医師の説明義務について

　一方,医師は患者と民法上の診療契約を結び,また医療行為に対して準委任契約を結ぶものであると解釈できる[12]。したがって,法律的には何らかの義務が発生することになる。明確に患者を意識したところでは,説明（Informed）義務が発生すると捉えられているのである。仮に説明がなされないまま,患者の承諾を得た場合には無効であるとされる[13]。医師が患者に病状等について説明する場合には,下記の15項目が考えられる。

① 病名と病状
② 病気の進行度
③ 検査の目的と内容
④ 治療しない,もしくは拒否の場合の予後
⑤ 当該患者に最適な治療方法の目的と内容
⑥ 代替可能な治療方法の内容・目的・必要性・根拠・効果
⑦ 治療に対する患者の納得度

⑧ 治療後に予測される経過・結果
⑨ 治療に際して予測されるリスク・副作用
⑩ 予測される後遺症
⑪ 完治率
⑫ 成功の確率
⑬ 治療に要する期間
⑭ リハビリテーションの内容
⑮ セカンドオピニオンの勧め

　では，説明義務の法的な根拠は何であろうか。それは，以下の通りである。昭和60年の東京高裁の判例がある[14]。「いかなる医療措置を採るかを一般に患者の『自己決定権』ないし選択に委ねるべきことを前提として，そのために医師が患者に対する説明義務を負う[15]」と述べられている。しかしながら，果たして上記したことのすべてを患者に説明する必要があるのであろうか。それは，個々のケースで検討を要することであろう。実際的には，個々の患者がどこまで説明を求めているのか，について尋ねることで無用な不安心理を回避することが有効であると考えられるからである。まさに患者を個別的に捉えることが求められているといえるのである。この点について法学的にはどうなのか。個々のケースについて，承諾を得たことになるのかどうか，調べてみる価値はあるであろう。

　説明にあたっては，患者の理解力や心理的な状態によって，説明の仕方を工夫することが重要である。そして，患者が求める個別の情報や知識を説明することが大切である。その点，診療情報の開示請求があった場合には原則として応じること，またセカンドオピニオンの希望が出された場合には対応することも医師の立場としてはインフォームド・コンセントとセットであると考えるべきであろう[16]。

　さらには，説明義務を果たすだけでは第2章で取り上げたサービスである。すなわち，患者が自己決定できない可能性が考えられるからである。基本的には，医師は情報の非対称性を解消する努力が必要で，患者が理解し自己決定できるように説明義務を果たすことが大切なことである。その点，具体的に治療

法等を決定する場合には1人ひとりの患者に対して個別的に対応するホスピタリティ概念の具現化が必要になるであろう．

3.3 医師と患者の関係について

　インフォームド・コンセントの取り組みが，今日の状況になるまでには多くのプロセスや経緯を経てきている．直接的には，ニュールンベルク綱領がその後のインフォームド・コンセントへ発展していく端緒になったといえる．[17] 日本においては，唄孝一が1970年に「治療行為における患者の承諾と医師の説明」のもと，インフォームド・コンセントの概念について説明した経緯がある．[18]

　筆者が考えるところ，医師と患者の関係には，以下の4つがある．1つは，医師が医療技術等を提供し患者はそれを受けとるという機能的な関係がある．第2は，医師が主人で，患者は従者であるとする固定化した主従の関係が考えられる．医師のパターナリズムの意識や患者の医師任せの意識については，これに該当するものである．第3は，医師が説明したうえで患者自らが治療方法等を決定するように促す関係である．第4は，医師と患者が双方ともに自律した存在として互いに働きかけあう相互補完の関係（パートナー関係）が考えられる（図3-1）．

　筆者は，今後のあるべき姿としては上記した第4番目の関係が望ましいと考えるものである．この関係のあり方がインフォームド・コンセントの概念に適合するからである．果たして，このような関係のあり方は実践されているのか，という問いが提起されるところである．なぜならば，法律でいくら規定したとしても義務的に，また形式的に行っていることが考えられるからである．まさに本末転倒の現象であるといわなくてはならない．

　また反対に，医師のプロフェッション（Profession）としての自覚を信じたいところである．その理由は，人間には個々人が抱く使命感や心理的な作用を重視する姿勢が認められるからである．法律で規定される以前の課題ではあるが，医師にはプロフェッションとしての見識や成長モデルに基づく人

図3-1 インフォームド・コンセントにおける医師と患者の関係

間観が求められているといえる。普遍的な治療方法を適用したとしても，医師が向き合うべき対象は個別の人間だからである。それだけに法学教育と並んで，今後の医学教育の中に人間に関する教育のウエイトを高めることが期待されるところである。

3.4 インフォームド・コンセントの方向性について

インフォームド・コンセントという概念について，また医師と患者双方の立場について検討してきたところである。以下，わかったこと，ならびに今後の方向性について明らかにしておきたい。

医療について考える時には，法律的な解釈が重要である。神の被造物である人間が相手であることを考えれば，その人間存在についてどのように捉えるのか，一般的な真理が求められてしかるべきであろう。それが，法律の存在価値である。医療の中に占める法律の役割は大きい。しかし，インフォームド・コンセントについて医師自らが人間として，また1人のプロフェッションとしてどのように対応すべきなのか，という問いに対しては医師自らの確信に基づいた自発的な行為として捉えたいところである。その点，法律の限界については認識しておくべきであろう。

医師には説明義務があり，もし文字通り義務的に形式的に患者に説明することがあるとしたら，インフォームド・コンセントの基本的な理念は成り立たないことになる。したがって，医師自身が1人のプロフェッションとして

情報の非対称性を克服しながらも，患者との間に相互補完の関係を育てていこうとする努力は必要である。インフォームド・コンセントについては，内容的にはこれまで医師の視点から議論されてきたといえる。すなわち，主導権は医師にあったのである。今後，相互補完の関係を形成するうえで，患者が行うべきことは何か，また患者が備えなければならない基本的な要件とは何か，等についても検討する必要があるであろう。現在は，この点の議論が欠落しているのである。今後は，インフォームド・コンセントを実施する際に認識されている障壁の克服とその解決が急務である。その理由は，以下の通りである。

　医師と患者の関係が一方向的で固定化されている場合には，両者の共通目的である病気の治癒については相互参加で行えないことを意味するものである。先に述べたように機能的な関係や主従関係がこれに該当する。インフォームド・コンセントを実施する場合，医師が診察し診断して，治療方法について両者で話し合い，互いに納得したところで決定することが望ましい姿である。患者の側からすると，自らの身体に何が起きているのか，今どのような状態なのか，何を行うべきなのか，等について知りたいところである。医師のアドバイスがどれ程の安心感をもたらすことか，また医師からの働きかけがどれだけ心強いことか，計り知れない。一方，医師は患者の主訴によりこれまでの経過や現在の症状について問診するとともに，視診・聴診・触診・打診したうえで，客観的な検査データに基づいて個別的に最良の治療方法を検討し，治療方針を選択する立場である。その際には，患者が話す病歴についても検討対象である。それゆえ，インフォームド・コンセントは医師と患者双方が互いの心理面に向き合う行為であると捉えることができるのである。医師は患者に問診などを行うことで依存し，患者は医師に診察やその後の治療・治癒について依存する。医師は患者がいなければ成り立たない職業であり，患者は自らが病気に罹患した時に医師が傍らにいなくてはならない。このような「相互依存」と「相互補完」の関係として再認識することの中で，本来のインフォームド・コンセントの概念が成り立つといえるのである。

■ 注

1) 参考文献 [13] の52頁を参照。インフォームド・コンセントをとらずに医療行為を行ってよいとされる例外的な場合については，「法的には，精神保健福祉法や感染症法などが，精神保健上，公衆衛生上の見地から，検査，隔離，入院などについて本人の同意を必要としない措置を定めている。また，意識障害などがあり，救命処置が必要だが本人の意思が確認できない場合，意識障害，知的障害などで理解判断能力が著しく制限されているとき，本人からインフォームド・コンセントを得ることなんかできないし，それはしかたない。また，本人が医療情報の開示やインフォームド・コンセントを希望しない場合にはそれらは行われてはならない。治療に参加するのは患者の義務だとか，患者には自分の身体や病状をきちんと知る権利があるとかいって，本人がいやだというのにむりやり情報開示をしたりすると，場合によって精神的苦痛を理由に損害賠償を求められることだってありうる」と述べている。
2) 参考文献 [13] の46頁を参照。その後のネイタンソン事件の判決では，情報開示し説明されるべき内容が具体的に示された。
3) 参考文献 [19] の86頁を参照。
4) WHO憲章によると，健康の定義は「身体的，精神的ならびに社会的に完全に良好な状態にあることであり，単に病気や虚弱ではないことにとどまるものではない。到達しうる最高度の健康を享受することは，人種，宗教，政治的信念，社会・経済的条件のいかんにかかわらず，全ての人類の基本的権利の1つである」とある。
5) 京都地判平4.10.30判時1475号の125頁を参照のこと。自己決定権の概念については，人格権として捉えられるであろう。憲法13条の「生命，自由及び幸福追求に対する国民の権利」の一環として位置づけられると解釈できる。
6) 患者の権利については，本書の第1章で取り上げたように，アメリカ病院協会によって患者の権利が打ち出された「患者の権利章典に関する宣言」(1973年)，及び世界医師会総会で採択された「患者の権利に関するWMAリスボン宣言」(1981年) が代表的である。リスボン宣言については，1995年9月にインドネシアのバリ島で第47回世界医師会総会において改正された。その序文は，以下の通りである。

「医師及び患者ならびにより広い社会との関係は，近年著しい変化を受けてきた。医師は，常に自らの良心にしたがって，また常に患者の最善の利益にしたがって行動すべきであると同時に，患者の自律性と正義を保証するために同等の努力を払わねばならない。以下に掲げる宣言は，医師が是認し，推進する患者の主要な権利のいくつかを述べたものである。医師，及び医療従事者または医療組織はこの権利を認識し，擁護していく上で共同の責任を担っている。立法，政府の行動，あるいは他のいかなる行政や慣例であろうとも，患者の権利を否定する場合は，医師はこの権利を保障ないし回復させる適切な手段を講じなければならない。人間を対象とした生物医学的研究―非治療生物医学的研究を含む―との関連においては，被験者は通常の治療を受けている患者と同様の権利と配慮を受ける権利がある」と述べられている。また，意識のない患者と法的無能力の患

者については法律上の権限を有する代理人の存在について言及している。
7) 参考文献［2］の149頁-150頁を参照。赤津は，「われわれは医療分野における情報の非公開性を認めてきたのであろうか。いろいろな理由のうち，よくいわれるのは①医学は素人には難しく，患者に選択肢を与えても判断できない，②とにかく医師にまかせておけば自分にとっていちばんよいことをしてくれる，という二点である。①に関していえば，何も難しいのは医学のみではない。電気工学も金融論も素人には等しく難しい。しかし，電機メーカーも銀行も証券会社も自分たちの仕事を一般市民に理解してもらうために，専門的見地から判断し，選択した内容をその分野の専門外の人にわかる言葉で説明する努力をしてきた。医学が現代においてもいまだ一般市民から難しいと思われているとすれば，それは医療従事者がみずからの仕事内容を医学専門家以外の人にもわかる言葉で説明する努力をしてこなかったからであり，医学という学問が他の学問分野に比べて特別難しい学問であるためではないように思われる。②に見られる態度は，医療行為が単純かつ限定されていた昔にあっては賢明な策であったかもしれない。というのも，そのような状況にあっては与えられた疾病に対する対処法に基本的に選択の余地がなく，患者がその対処法を知っていようといまいと，好むと好まざるとにかかわらず，専門的見地からできるだけのことをしてもらう以外に道はなかったからである。ところが，昨今の医学の進歩はめざましく，同じ病気に対してもその対処法はそれこそ千差万別であることもめずらしくない。それだけ選択肢が広がってけっこうなことといえるが，何が患者にとってもっともよい対処法であるのかが複雑化し，場合によっては医師のみでは判断がつかなくなってきている」と述べている。また，患者参加型の医療システムについて提起している。
8) 参考文献［33］の244頁-246頁を参照。
9) 参考文献［33］の6頁を参照。
10) 参考文献［33］の7頁を参照。
11) 同上。
12) 参考文献［33］の9頁を参照。準委任契約は診療契約の本質であり，民法645条に規定されている。
13) 民法645条が，説明義務の根拠である。
14) 参考文献［19］の93頁を参照。
15) 参考文献［19］の93頁を引用し適用した。
16) インフォームド・コンセントがホスピタリティ概念に包含されるように，セカンドオピニオンも同様である。その他に，バリアフリー，ユニバーサルデザイン，ユビキタス等もホスピタリティ概念に含まれる。
17) 参考文献［19］の86頁を参照。
18) 参考文献［5］を参照。

第4章 ホスピタリティ概念について

　これまで検討してきたように，サービス概念が具備している傾向を克服しなければならない。その理由は，医師と患者の共通の目的である「病気の治癒」と「QOL（Quality Of Life）の向上」を成就しなければならないからである。そこで，筆者がサービスを超えるという意味において想定している概念はホスピタリティである。なぜならば，ホスピタリティ概念を適用することによって人間の存在そのものを説明することが可能だからである。また，ホスピタリティ概念はそのルーツから1人ひとりの人間を個別的に捉え向き合う概念だからである。その点でホスピタリティ概念によるマネジメント（以下，ホスピタリティマネジメントという。）の実践に可能性を見出すものであり，医療の個別化に対応しようとするものである。これは，カスタマイズ（Customize）やオーダーメイド（Made-to-order）と呼ばれる内容を備えている。したがって，標準化された医療サービスと相互補完の関係を確保するという意味において，ホスピタリティ概念によるインフォームド・コンセントについて研究する価値があるといえる。しかしながら，これらの議論の前提として忘れてはならないことは，効率性を旨として，継続的で安定的な医療サービス活動・機能の提供が基本的な仕組みとして整っていて，ホスピタリティの実践が可能になるという点である。

4.1　ホスピタリティ概念の変遷とルーツについて

　経済分野においては形あるモノを財とし，無形財をサービスとして分類している。また，経営分野のサービス・マネジメント論ではサービスの中にまったく異なるホスピタリティを包含して位置づけているといえる。この両分野

には，各概念を吟味し検討するといった視点やホスピタリティの捉え方は見受けられない。では，ホスピタリティは，どのような変遷を経て今日に至っているのであろうか。見てみることにしよう。[1]

- サービスが経済学から生まれた概念であるのに対して，ホスピタリティは社会学や文化人類学などの中に認知することができる。そこでのキーワードは，互酬性である。[2]
- ホスピタリティについては人類の歴史とともに存在し，根源的には原始村落共同体を形成するプロセスにおいて，共同体外からの来訪者を歓待し，飲食あるいは衣類，また休息の場を提供する異人歓待の風習に遡る。
- ラテン語のHospesが語源で，PotisとHostisの合成語である。Potisは，英語のAbleやCapableの意味があり，「能力がある」「力がある」「可能である」といった意味がある。転じてHostの立場を表している。一方，Hostisは英語のStrangerに該当し，「見知らぬ人」「不案内の人」「異邦人」といった意味がある。これは，Guestの立場を表しているものである。医療の場合には，Hostは医療従事者である。また，Guestは患者のことである。
- Hospital，Hotel，Hospice，Hostel等の言葉は，ホスピタリティと同じルーツを持っている。したがって，病院やホスピス（Hospice）とは縁が深いといえる。
- 欧州諸国では，巡礼を主とした旅する異邦人を保護する考え方があった。ゲストを寛大に，そしてフレンドリー（Friendly）に受け入れるという意味がある。また，ゲストを楽しませるという意味を含んでいる。[3]
- 米国では，特にホスピタリティ産業に関する捉え方が主で，飲食業やホテル業の経営を意味している。また，選択の自由が重要なこととして強調されている。

ホスピタリティの実践対象は，「製品・商品・モノ」「サービス」「人間」「物的資源，施設・設備」「環境（自然環境，動物，植物）」の5つである。本書では，「製品・商品としての有形財」と「サービスとしての無形財」との組み合わせに焦点化して論じるものである。また，立ち位置としてはサービス概念が意味

するところの限界性を可能性へと変えるために，ホスピタリティ概念の援用を求めるものである。

4.2 ホスピタリティ概念の言語的な意味について

　では，そもそもホスピタリティとは言語的にどのような言葉なのであろうか。ホスピタリティ概念のルーツは，ラテン語のHospesである。これが何を意味しているのか。下記の3点に要約することができる[4]。ここに人間の本質を見出すことができるのである。

(1) 自律的な存在

　ラテン語のHospesによれば，人間は時間と空間を超えて交互に入れ替わる存在である。入れ替わるとは，何を意味しているのか。自らの意志で現在の立場や役割から離れ，別の立場や役割にチェンジすることを意味している。例えば，何かを「提供する人」が「提供される人」へ変わることを意味するものである。また，「提供される人」は自らの意志で「提供する人」に変わるのである。インフォームド・コンセントは，患者の自律性（Autonomy）を尊重して行われなければならない概念である。また，患者自らの心身に関する自己決定を促す概念であり，患者自らが自身の情報を医師に提供する立場にある。その点，医師に迎合することがあってはならないといえる。したがって，治療方針や治療法について決定する場合には，患者自身のことであるため自分自身が決定することだという意味において自律的である。迎合する場合には，患者の内面に納得した同意や承諾については認められないのである。インフォームド・コンセントは，患者自らが「主体性」を発揮して，医療従事者に働きかけるところの「自発性」を表現する場である。また，医療従事者からの働きかけに対して「応答性」を発揮する場であると捉えられる。病気に関する変化に対して適応する「柔軟性」も持ち合わせている必要があろう。重要なことは，自律とは決して他者との関係を遮断する概念ではないということである。

⑵　双方向の交流

　第2には，客人（Guest）は恐るべき敵であるという意味を有している点である。この場合の客人とは患者のことである。また，敵になるということは孤立することであり，ホスピタリティとは正反対のホスティリティ（Hostility）をあらわにすることを意味している。すなわち，医師と患者の関係についてはもともと厳しいといえる。そして，敵対関係に陥る場合があるのである。その点，ホスピタリティとホスティリティは背中合わせの関係である。まさに双方ともに油断のならない相手なのである。潜在的な敵対関係を克服するためには，どうするか。人間の知恵として互いに連携し双方向で交流することである。ホスピタリティは，本質的には関係者を受け入れる「受容性」とともに，関係者間で相互作用を促進する「交流性」を重視する概念である。したがって，医師は情報の非対称性を克服するために患者の希望や価値観に耳を傾ける努力が必要である。そして，医療従事者と患者がゆるやかに連携し交流し合うことで，医療成果の獲得へ向けて共創するのである。決して一方向的に高圧的に自らの考えを押し付けるような存在であってはならない。それは，患者が最も恐れている事態だからである。医師には，本質的に患者を個別的に理解する姿勢と具体的な働きかけが求められているのである。

⑶　相互補完の関係

　第3は，主人（Host）と客人（Guest）の両方の意味を有している点である。すなわち，医師と患者双方がパラレル（Parallel）に並んでいると捉えられるのである。決して支配と服従の関係ではない。このことは，何を意味しているのであろうか。両者が同じ土俵で関係づくりをしようとする存在だと捉えられよう。すなわち，サービス概念のように一方向的な働きかけではなく，心理的なエネルギーも含めて互いが相互補完の関係になることを志向しているものである。まさにインフォームド・コンセントの場における医師と患者の関係であると捉えることができるであろう。イーブン・パートナー（Even Partner）と呼ぶにふさわしい「対等性」について含意しているものと理解できるところである。日本語に置き換えると，「おたがいさま」と表現することができるだろう。医師は与える人であり，患者は与えられる人であると

して固定的に考えれば，相互補完の関係は成り立たない。患者が医師から与えられるのが当たり前であると考え，「お任せします」ということであれば，患者自らが相互補完の関係を崩していることになるのである。一方，医師が情報の非対称性を持ち出してわかりやすい説明を怠るようであれば相互補完の関係にはならないといえる。

4.3 サービス概念とホスピタリティ概念の関係

これまでの議論をふまえ，サービスとホスピタリティについて比較すると，図4-1と表4-1の通りである。医師と患者の関係がサービス概念に基づいて一方向的で固定化されている場合には，両者の共通目的である病気の治癒やQOLについては相互参加で行えないことを意味するものである。先述したところの，機能的な関係や主従の関係がこれに該当するといえよう。双方の働きかけがホスピタリティを実践する方向へ進むことによって，インフォームド・コンセントの基本的な理念が具現化されると考えてよいであろう。サービス概念とホスピタリティ概念の関係については，下記の4つの関係が考えられるところである。

(1) 包含関係

ここで言うところの包含関係とは，図1-1で分かる通り，「ホスピタリティの中のサービス」と表現することが可能である。ホスピタリティは，「自律」「交流」「対等」「相互補完」といったキーワードで説明することができる概念である。すなわち，これらのキーワードは人間の存在そのものを意味するものである。また，人間が活動していくうえでの本質であると言ってよいだろう。一方，サービス概念はそのルーツが意味するところの一方向性を含意しており，そこから効率性の向上を目指す概念であると捉えられる。この活動については，人間が行う活動の一部であるといえるものである。したがって，ホスピタリティ概念の中にサービス概念が包含されていると理解することが可能である（表4-1）。医療・介護に適用すると，ホスピタリティはケア（Care）で

あり，サービスはキュア（Cure）に該当するであろう。両者の関係はどうか。「ケアの中のキュア」と表現することが可能であり，包含関係にあるといえる。

(2) 補完関係

　私たちがこの文明社会の中で生きていくうえで欠かせないものとは何か。それは，水と油であろう。しかも，両者はまったく性質が異なるものである。人間が生存していくためにはどちらも重要な資源である。では，人間の生命を維持するという観点からはどちらの方がより重要か。それは水の方である。そういう意味ではホスピタリティ概念は「水」に該当し，人間の本質を意味しているといえよう。一方のサービス概念についてはどうか。「油」に相当し，私たちが生きていくうえでこれまた欠かせない資源の1つではあるが，「水」と比較すればサブ的である。したがって，それぞれの強みによって補い合い，1つのものを完成するという意味においては補完関係にあるといえるのである。

(3) 重複関係

　ホスピタリティ概念とサービス概念は，水と油の関係であるということができる。しかしながら，すべてのケースにおいて水と油のようにはっきりと分かれているかといえばそうではない。それは，業務活動・機能を捉えてみると，重なり合っている場合も見受けられるからである。特に重複関係が指摘されるのは，後述するサービス価値の1つである「期待価値」とホスピタリティ価値の1つである「願望価値」である。病院において患者がどうにかして欲しいと願望していることの中に，待ち時間の短縮があるだろう。待ち時間については，患者がその短縮化を期待しサービス実施サイクルの中に位置づけられているものである。しかし，病院側で「患者は病院では待つのが当たり前である」と考えている場合が少なくない。すなわち，患者が困っていて我慢しているのである。効率性を向上させるという点においてはサービス価値の中の期待価値ではあるが，有効な手が打たれていない状態が続いているのである。また，現在のセカンドオピニオンについても重複関係にあるといえる。すなわち，どの病院においてもその実施を表明し備えているという点ではサービス価値である。しかし，患者にとっては利用しにくいのである。他の病院

との手続き・調整の面や費用の面，また時間的な制約の面などで改善が必要である。その改善しだいでは，ホスピタリティ価値として位置づけることは可能である。このように期待価値でありながら，患者がすでに諦めているという意味においては願望価値でもある。このような場合には重複関係にあるといえよう。これからの経営を考えると，患者が困っていることを困らないようにすること，また我慢していることを我慢しなくて済むようにすることが患者が利用しやすく，また患者から支持される要因になるのである。

(4) 相違関係

両者の概念のルーツからいえることは何か。それは，まったく性質が異なる概念だということである。対称関係にあると言ってもよいであろう。学術的な見地に立つと，両概念の出処や原点の相違が顕著だからである。図4-1と表4-1にある通り，両概念のルーツからそれぞれの特徴を導き出したが，「目的」「顧客価値」「人間観」「人間の特徴」「関係のあり方」「かかわり方」「組織形態」「情報」「文化」「成果」に至るまで相違関係にあることがわかるところである。しかし，忘れてならないことは，この両者が二項対立の関係ではなく，包含関係，補完関係，重複関係に位置づけられているということである。そのような意味において，ホスピタリティマネジメントでは両者のどちらも必要不可欠な概念であるといえるのである。

図4-1　サービス概念とホスピタリティ概念の原点

サービス
- 経済学
- 経営学
- サービス概念のルーツ
- サービスの定義

↓

サービス概念の形成

ホスピタリティ
- 社会学
- 文化人類学
- 哲学
- 経済人類学
- ホスピタリティ概念のルーツ
- 属性分析
- ホスピタリティの定義

↓

ホスピタリティ概念の形成

©YOSHIHARA, Keisuke

表4-1　サービスとホスピタリティの概念比較

項目	サービス概念	ホスピタリティ概念
目的	効率性の追求	価値の創造
顧客価値	サービス価値	ホスピタリティ価値
人間観	道具的	価値創造的
人間の特徴	他律的・受信的	自律的・発信的
関係のあり方	上下・主従的	対等・相互作用的
かかわり方	一方向的で固定化している	共に存在し働きかけあう
組織形態	階層的	円卓的
情報	一方向的・伝達的	共感的・創造的
文化	集団的・統制的	個別的・創発的
成果	漸進的	革新的

©YOSHIHARA, Keisuke
出所：参考文献［78］26頁の図表2-1。

4.4　ホスピタリティ概念の理解のために－属性分析－

　これまでも見てきたように，ホスピタリティ概念のルーツであるホスペス（Hospes）に依拠して，3つの本質的な属性を抽出したところである。第1は，自律性を発揮する人間は極めて主体的な存在だということである。医師も患者も本来的には自律的で自発的に働きかける主体である。また，自らの能力を発揮しようとする存在である。第2は，自己利益の最大化のみを図るのではなく，他者の利益を重視するという考え方に基づいて他者との共存可能性を探る存在だということである。そのためには，他者への受容性や相互補完の関係を維持することがポイントである。第3は，人間は何かを達成するために誕生し存在しているという点である。独創もあり得ることではあるが，もともと1人では限界多き存在である人間が半ば本能的に行うことといえば，他者と交流し合って信頼関係を構築し新たな価値を共創することである。

　図4-2は，ホスピタリティ概念の属性を分析してまとめたものである。これまでの研究で明らかになった「ホスピタリティ概念の特性」「価値創造的

図4-2 ホスピタリティ概念の属性分析

本質的属性	属性（Ⅰ）・自律	属性（Ⅱ）・交流	属性（Ⅲ）・対等	
下位の属性 1	主体性 自発性 応答性など	受容性 共感性 学習性など	共創性 信頼性 補完性など	→ ホスピタリティ概念の特性
下位の属性 2	(5) (6) (7)	(1) (2) (7)	(3) (4) (7)	→ 価値創造的人間観
下位の属性 3	自己の領域	親交の領域	達成の領域	→ ホスピタリティ人財
下位の属性 4	自己発揮のプロセス	親交促進のプロセス	達成推進のプロセス	→ ホスピタリティプロセス
下位の属性 5	主体が自律的にアイデンティティの獲得を目指して自己を鍛え自己を発信しながら，	他者を受け入れ交流して，	信頼関係づくりを行い互いに補完し合って社会の発展に貢献する価値を共創する活動である。	→ ホスピタリティの定義

©YOSHIHARA, Keisuke
注：上記における価値創造的人間観の番号(1)～(7)については，本書第4章注の10) を参照のこと。
出所：参考文献［84］25頁の図表1-4。

人間観」「ホスピタリティ人財」「ホスピタリティプロセス」「ホスピタリティの定義」といった下位の属性を相互に関連づけて分析した結果，それぞれ3つの本質的な属性に分類されることがわかったところである。このことをあいまいにすると，都合のよい説明が繰り返され，混乱をきたす原因になりかねない。また，この分析結果はホスピタリティ概念について理解する鍵になるものである。

(1) ホスピタリティ概念の特性について

筆者は，ホスピタリティ概念のルーツであるホスペスの原義に依拠して，組織で働く人間を「ホスピタリティ人財」[5]と呼称した。すなわち，図4-3にある通り，自律の源泉である「自己」の領域，双方向的な交流の源泉として

図4-3　3つの領域

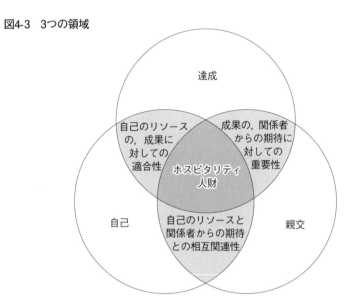

© YOSHIHARA, Keisuke
出所：参考文献［70］19頁の図表序-3に加筆したものである。

の「親交」の領域，相互補完の関係を含意するところの「達成」の領域について，それぞれ明らかにしたものである。ホスピタリティ概念の特性である「主体性」「受容性」「共創性」は，現代社会に対してどのような示唆を投げかけているのか。医療経営に適用してみることは大いに価値があるであろう。

(2)　価値創造的人間観について

　ホスピタリティ概念は，人間を複合的に捉えようとしている。現在，多くの場合には，人間を操作の対象であるとして，また組織の目的や目標を効率的に達成するための道具として位置づけているのではないだろうか。人間は，そのための1つの道具であり機能であると考えられているのではないであろうか。これまでは，意味探索人の仮説や自省人の仮説[6]が論じられている[7]。筆者は，かつて「1つの方向性を打ち出すとしたら，「意味形成的人間観」をよしとしたい。なぜなら，人間の存在の意味や目的は，はじめからあるのではなく，作っていくものであり，メンバーによってどのように働く意味を作っていくかは異なるからである。メンバーを単一の価値観で捉えるのではな

く，さまざまな価値観を持って意味を形成しようとしている存在として許容する捉え方が必要になるだろう。本来，異質な見方・考え方を持って人と人との相互作用によってこそ，新しい意味や価値の創造が可能である」と述べた。本書では意味形成的人間観という表現ではなく，医療経営において新たな価値を創造し社会の発展に貢献しようとする観点から，「価値創造的人間観」と表現するものである。

(3) ホスピタリティを実践する医療従事者について

ホスピタリティ概念を拠り所にして行うマネジメントはいくつかの人間観を合わせ持っているといえる。自己の領域に立脚している人間観は自己実現的人間観である。また，親交の領域に立っている人間観は社会的人間観である。達成の領域はどうであろうか。それは，2つの人間観に立脚しているといえる。1つは，経済合理性を目的とするところの経済的人間観である。もう1つは，新たな価値を創造し社会の発展に貢献しようとする価値創造的人間観である。

価値創造人と上記(1)で述べたホスピタリティ人財とは，これまでの研究で理論的に矛盾しないことが明らかである。それは，両者とも自己利益の最大化原則に基づいていないからである。すなわち，他者との関係の中で人間が生きていくとはどのように捉えればよいのか，についてガイドするものである。ホスピタリティを具現化する主体は，理論的には1人ひとりの人間である。また，ホスピタリティを実践するためには，標準化やIT化，そしてロボット化が進んではいるものの，あくまでも「人間」が主体でなくてはならない。それは，ホスピタリティ人財が新たな「もの」や「こと」を創り出す担い手であり，かけがえのない資産だからである。

(4) ホスピタリティプロセスについて

ホスピタリティを実践するプロセスのことをホスピタリティプロセスという。表4-2は，その概要である。3つのプロセスと10のステップから構成されている。

第1は，自己発揮のプロセス（出会いの場づくり）で，自発，応答，関係のステップから成る。医療従事者と患者の「相互関係」を取り結ぶプロセスである。すなわち，自己の領域が発現して，互いが他者に働きかける「自発」

表4-2　ホスピタリティプロセスの進化

	第1のプロセス	第2のプロセス	第3のプロセス
プロセス	自己発揮	親交促進	達成推進
ステップ	自発，応答，関係	交流，共感，学習，利得	信頼，補完，共創
場づくり	出会いの場	交流し合う場	達成推進し合う場
相互の関係性	相互関係	相互作用	相互補完
発現する領域	自己の領域	親交の領域 自己の領域	達成の領域 親交の領域 自己の領域

©YOSHIHARA, Keisuke
出所：参考文献［84］28頁の図表1-6。

と他者からの働きかけに対しての「応答」から始まる。自発と応答が繰り返され，好意的で好感の感情が伴う「関係」が生まれるのである。

　第2は，親交促進のプロセス（交流し合う場づくり）で，交流，共感，学習，利得の各ステップから成る。「相互作用」を促進するプロセスである。すなわち，自己の領域と親交の領域が発現して，互いに交流し合い共感性を高め広げることが目標である。さらには互いに学び合い，その結果として得られる精神的な利得などを実感し合うプロセスである。

　第3は，達成推進のプロセス（達成推進し合う場づくり）である。このプロセスは，信頼，補完，共創のステップから成り，「相互補完」のプロセスである。すなわち，これまでのプロセスを互いに育てていくことで当初の好意・好感の関係から信頼の関係を形成し，互いの強みを出し合って補完し合い，パートナーとして共に新たな価値を共創するプロセスである[14]。とくに達成の領域を発現しなくてはならない。この達成推進のプロセスは，第5章で述べるところの「医療経営におけるホスピタリティマネジメント」を実践するプロセスとして最も重視するものである。

(5) ホスピタリティの定義について

　ホスピタリティ概念は，人間が行うすべての活動領域において適用可能である。また，前述した属性分析に基づいて，ホスピタリティという言葉については次のように定義することが可能である。すなわち，自律性，交流性，

相互補完性から組み立てた定義である。

> 主体が自律的にアイデンティティの獲得を目指して自己を鍛え自己を発信しながら，他者を受け容れ交流して，信頼関係づくりを行い互いに補完し合って社会の発展に貢献する価値を共創する活動である。[15]

　ホスピタリティは，本質的には他者を心から受け容れ迎え入れることが基本である。誰かと誰かが，共に心を合わせ，力を合わせて相乗効果を生み出す概念である[16]。他者に対しての自発と他者からの働きかけに対しての応答がその後の関係形成や一体感の醸成において鍵になっているといえる。言い換えるならば，まずは関係者が「出会いの場づくり」のプロセスを創造することが極めて重要なことだといえるのである。そして，「交流し合う場づくり」「達成推進し合う場づくり」のプロセスへ向けて関係者の間に信頼関係を育てていくことである。また，人間にはふまえておかなくてはならないことがある。当然のこととして「礼儀」「節度」「態度」「物腰」「言葉遣い」「ルール・約束事」「ポリシー」[17]などには神経を使いたいところである。いくら成果を上げたとしても，このような人間としての土台が発現されなければ誰からもリスペクト（Respect）されないからである（図1-1）。

■ 注

1) 参考文献［64］の326頁-328頁を参照。
2) ホスピタリティ概念は社会学から生まれたと言ってよい。参考文献［89］［102］を参照。ホーマンズやブラウに代表される交換理論では，組織と個人双方が提供する報酬はそれぞれにとって価値があり，双方が交換することによって共に利益を得るという意味での互酬性と捉えられている。その後，文化人類学，経済人類学の中にも互酬性が認められている。また，哲学においてはイマヌエル・カントが自律的行動と自由意志と責任について論じている。参考文献［18］［27］［42］を参照のこと。
3) オックスフォード英英大辞典によれば，Hospitality は，Friendly and generous reception and entertainment of the guests とある。
4) 参考文献［16］［64］［66］［67］［93］［111］［116］を参照。
5) ホスピタリティ人財は，筆者による造語である。参考文献［74］の281頁-290頁，及

び参考文献［78］の11頁-15頁，35頁-37頁，113頁-121頁を参照。筆者は，職業人としての成長段階に応じた「能力発揮力」の評価を提案している。成果と能力を結びつける能力発揮力については，「自己傾注力」「親交促進力」「達成推進力」から構成されるものである。

6) 参考文献［60］の99頁を参照。
7) 参考文献［51］の278頁-280頁を参照。
8) 参考文献［68］の74頁を参照。
9) 参考文献［80］の278頁-280頁を参照。
10) 価値創造人は，筆者による造語である。参考文献［70］の84頁図表3-7にある「価値創造の過程」に対応するものである。参考文献［80］の278頁-280頁を参照。また，下記は価値創造人に関する7つの要件である。(1)To beの関係づくり，(2)共に学び合う存在，(3)有機的な創発を促すプロセス，(4)ノマド的な行為，(5)自律的な存在，(6)内発的な動機に基づく成長，(7)新たな意味や価値を創造する存在。参考文献［78］の23頁-24頁，または参考文献［84］の22頁-23頁を参照。
11) 参考文献［74］の281頁-290頁を参照。
12) ホスピタリティプロセスは，筆者による造語である。参考文献［73］［75］［76］を参照。
13) ホスピタリティプロセスについては，1つの言葉として表現するものである。詳しくは，参考文献［78］の41頁-61頁を参照。
14) 補完性については，参考文献［46］の122頁-138頁に詳しい。
15) 参考文献［78］の58頁に加筆したものである。特に医療は社会性や公共性の観点からマネジメントしていく必要がある。
16) ホスピタリティマネジメントの定義については，「ホスピタリティ価値の創造と提供を主な目的として，組織関係者を方向づけ，一体感を醸成して，プラスの相乗効果を生み出す活動」である。参考文献［84］の57頁を参照。
17) 直接的に人間に関係していて，人間その人が生み出す価値という意味で，「人間価値」と表現するものである。現代社会においては，効率性の向上策の1つとして「セルフサービス」が一般的である。しかし，セルフサービスを過度に取り入れると，働いている人は義務的で機械的な対応になりがちである。また，ゲストとの出会いの場づくりに失敗するであろう。人間価値には人間が陥りやすい機械的で冷たい対応を緩和する働きがあり，マネジメントの土台として位置づけるものである。楓の風グループ（主宰者：小室貴之氏）では，人間価値についてスタディーした結果，「志」「資格」などを追加した。

第5章 医療経営の基本と重点

　本章の目的は，医療経営の基本と重点について，それぞれ明らかにすることである。それは，ホスピタリティマネジメントについて，その根幹部分を明らかにすることにほかならない。この目的に対して1つの解を導き出すことは，組織レベルにおいてはホスピタリティの具現化へ向けて，また個人レベルにおいてはホスピタリティの実践を促すうえで価値がある。

　ホスピタリティマネジメントは，3つの要素から成り立っている。1つは，人間価値である。人間が他者との関係性の中で，生きていくうえで欠かせない「礼儀」「節度」「態度」「物腰」「言葉遣い」「ルール・約束事」「ポリシー」などで，医療経営の土台として位置づけるものである。第2はその土台の上に位置するサービス価値である。「サービス価値」は医療経営の基本であり，効率性の向上を旨として安定的に継続的に提供することがその機能である。第3は，ホスピタリティ価値を患者と医療従事者が一緒になって共創することである。これからの医療経営の重点として位置づけるものである。

5.1　医療経営の目的について

　医療経営の目的は，患者が主観的に評価する価値，すなわち患者価値（Patient Value）を最大化することである。また同時に，病院で働く医療従事者の能力発揮を最大化することである。本書では，患者に焦点化して考察するものである。

　医療の場合には，顧客とは患者のことである。従来，経営の目的は顧客や市場の動向に適応して対象顧客のニーズを満たすことであると捉えられていた。ニーズとは，欠乏，不足，必要，不備，不利，不便，不自由，不透明，不明瞭，

不満,不平を意味している。すなわち,未だに満たされていない状態のことである。満足とは医療従事者がそのニーズに応えることで達成され,患者が感じるところの心理的結末のことである。いわば,患者の期待に応えるためのマネジメント活動の結果である。現在,病院においては多くの場合,上記したニーズに応えられていない状況にある。また今後は,患者への個別的な対応に伴い病院マネジメントについて組み立て直す必要があるであろう。患者が主観的に評価する価値を創造するマネジメントを実践することによって,病院組織を継続的に発展させるとともに,病院で働くコ・メディカル（Co-medical）は職業人として成長することが可能である。逆をいえば,組織も個人も現状のみを見て,できることから行おうとする発想のみでは組織の存続可能性を高めることができないばかりか,自らの存在価値を低下させることになりかねないのである。

患者価値とは,「患者によって気付かれたサービスの体験の心理的結末」[1]である。したがって,患者が評価する価値のことであるといえる。患者価値は図5-1にあるように,次の4つの段階があり,まさに患者の主観である。[2]

---

1. 基本価値（Basic Value）は,「患者に提供するにあたって基本として備えておかなければならない価値要因」[3]である。
2. 期待価値（Expected Value）は,「患者が選択するにあたって当然期待している価値要因」[4]である。
3. 願望価値（Desired Value）は,「期待はしていないが潜在的に願望していて提供されれば評価する価値要因」[5]のことである。
4. 未知価値（Unanticipated Value）は「期待や願望を超えてまったく考えたことのない感動や感銘や驚嘆を与え魅了する価値要因」[6]である。

とくに未知価値と願望価値については患者から継続的に評価されるうえで必須の価値要因である。ヤン・カールソンがいうように,モーメント・オブ・トゥルース（Moment of Truth）の積み重ねが患者によって評価されるのである。[7] これが,患者価値の実体である。現在の障害を除去し業務を効率的に

図5-1　患者価値（Ⅰ）

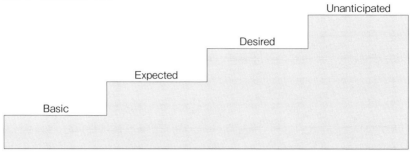

出所：参考文献［86］外国語文献のp.113。

遂行するということは，業務機能が決まり，与えられた資源を最大限に活用することによって業務を的確に効率的に遂行することである。これが，マネジメント活動の基本である。この基本を怠るとクレームやコンプレイントを増加させることとなる。すなわち，患者離れ現象を引き起こすばかりではなく，特徴ある病院づくりができなくなるのである。

5.2　ホスピタリティ概念と患者価値について

　インフォームド・コンセントについては医師の側からすると，すべての病院で行わなくてはならないという点で患者にとってはサービス価値の１つである。しかし，インフォームド・コンセントについてはサービス概念のみで説明することはできない。それは，インフォームド・コンセントが経済的な動機に基づいて行われる経済的な行為ではないからである。また，患者が抱えている病気を治癒させることを目的にしているからである。さらには，効率性のみの発想に基づいて行われる行為ではないからである。また，どちらか一方の都合によって一方向的に行われる取り組みでもない。これらの理由が，インフォームド・コンセントがサービス概念のみに依拠していない根拠である。

　では，ホスピタリティ概念についてその意味するところを見てみることにしよう。筆者は，表5-1で表したように，上記した未知価値と願望価値についてはホスピタリティ価値であるとして明確に峻別し位置づけるものである。

表5-1　患者価値（Ⅱ）

ホスピタリティ価値	未知価値
	願望価値
サービス価値	期待価値
	基本価値

出所：参考文献［78］95頁の図表6-1。

　なぜならば，サービス・マネジメント論の旗手の１人であるカール・アルブレヒト（Karl Albrecht）はすべての顧客価値をサービスであると解釈し，ホスピタリティについては何ら言及していないからである[8]。また，未知価値と願望価値については患者によって価値の質的な内容が異なることから，患者との個別的な関係性と相互性が欠かせない。すなわち，医師をはじめとした医療従事者と患者本人が前章で述べた第３のプロセスに至っていることが望ましいのである。なぜならば，個別的な対応については予定調和的な取り組みではなく，ダイナミックで有機的な創発を促すプロセスになるからである。また，病院組織やそこで働くコ・メディカルにとっては心を遣い頭脳を働かせることで能力開発と能力発揮につながるからである。さらには，ホスピタリティ価値を共創することは患者にとっては未知の経験に遭遇することであり，新たな感覚や感情を味わうことになるかもしれない。願望価値には，現在，患者が困っていることを困らないようにするという側面がある。もし患者が我慢していることがあるのであれば我慢しないで済むようにするという観点を重要視するものである。そのような意味で，ホスピタリティ価値は特徴ある病院にしていくための経営上の重点であるといえる。

　また，基本価値と期待価値についてはサービス価値であるとして明確に区別した。サービス価値は競合する組織がすでに行っている，もしくはタイムラグを伴って同様の内容で行うようになることが一般的である。したがって，医療の標準化を意味するサービス価値を提供することはホスピタリティ価値を共創する前提であり，それだけでは組織の存続可能性を高めることはできないのである。つまり，継続的に患者から支持されるとは考えにくいのである。

　また，患者は１つ１つの経験の積み重ねによって何に基づいてどのような評価を下すのか。カール・アルブレヒトは，次の７つの評価要因を挙げている。

患者は，真実の瞬間（Moment of Truth）の積み重ねによって評価しているのである。[9] 医療では，①について患者価値は高いものの，②～⑦までは未だに不透明であるといわなくてはならない。このことが，医療経営にとってマネジメントが不可欠な理由である。

① 施設や設備に関する環境要因。
② 何を見て何を聞くか，五感に関する感覚的要因。
③ 接客態度等の人間要因。
④ 訪問から購入に至るまでの手続き要因。
⑤ 得られる情報要因。
⑥ 何を提供されるのか，についての提供物要因。
⑦ リーズナブル（Reasonable）な価格なのか，についての価格要因。

5.3　医療経営の基本原理とは

　病院組織が永続的に生存するためには，どのように考えたらよいであろうか。ここに依って立つところの基本原理が必要である。経営管理する経営者・管理者が持つべき原理とは何か。すなわち，経営管理者がホスピタリティ概念によってマネジメントするうえで基本となる原理とは何であろうか。
　ホスピタリティマネジメントの基本原理は，利害関係者（Stakeholder）である他者との信頼関係を構築し組織の永続的な生存可能性を高めるために，自己利益の最大化を図るのではなく，他者の利益を重視し，他者を受け容れ，他者が評価する価値を共創して他者との共存可能性を高める活動の遂行を求めている。ここでいうところの利害関係者としての他者とは，主に患者とその家族であり，また医療従事者である。
　この基本原理は，経験科学の研究対象としての要件を満たすべく，ホスピタリティマネジメントが客観的な現象として外部の第三者によって観察可能であることも求めている。また，医師と患者の関係だけではなく，上司と部下の関係についても適用可能である。医療の場合には，特に公共性が高いこ

とから社会との関係についても適用可能である。

　自己利益の最大化を経営の目的とする場合には，新古典派経済学が前提とする「経済人仮説」に基づいている。すなわち，利益を最大化するという仮定に支えられた「利益最大化モデル」によるものである。ホスピタリティマネジメントは，これまでのように自己利益の最大化を図るのではなく，まずは患者をはじめとした利害関係者を尊重し，受け容れ，ベネフィット（Benefit）を提供することを基本としている。言い換えれば，組織の自己利益以上に他者の利益を重視して，中長期的には共存可能性を高めようとする原理である。

　ホスピタリティマネジメントは，利害関係者である他者の利益を重視したうえで，組織が存続可能な利益を確保し維持することを目標としている。その点，医療経営が実践すべきホスピタリティマネジメントは，経済学を起点とする自己利益を最大化するという合理的な経済人仮説とは異なり，患者と医療従事者との相互幸福の視点に立つものである。また，ホスピタリティマネジメントは利害関係者との共存可能性を探る活動である。

　さらに，医療経営における人間観についてはどうか。1つの学問的な成果として，上述した経済的人間観がある。経済的人間観とは，組織に参加する人々は合理的で経済的な存在であり，働く動機は経済的報酬を得るためであるとする人間観である。テイラー（F. W. Taylor）による科学的管理法はこの考え方を適用して，標準生産量を定めそれを上回る場合は多くの給与を支払い，標準に達しない場合には給与を少なくする出来高給を採用したことで知られている。組織の経営者・管理者は，人間が組織の中で機械の歯車のように働くことを期待していた。人間が金銭の報酬によって働くということは，簡単にある人を他の人と代替し得ることを意味するものである。

　では，経済的人間観と医療経営の中で実践されるホスピタリティマネジメントはどのような関係にあるのであろうか。経済的な動機に基づく経済的人間観だけでは，病院組織においてホスピタリティマネジメントを行えないことは明白である。第4章でも述べた通り，本書は「価値創造的人間観」を提起するものである。図4-3にある「自己の領域」の背景には自己実現的人間観がある。また，「親交の領域」の背景には社会的人間観がある。問題は「達成の領域」であるが，組織が継続的に存続できるに足るだけの適正利益を確

保する点においては経済的人間観が「達成の領域」の背景にあるといえよう。しかしながら，病院組織においてホスピタリティマネジメントを推進する場合には経済的人間観のみでは説明することはできない。ホスピタリティマネジメントは，社会の発展に貢献する価値を共創するところの価値創造的人間観に基づいたマネジメントである。価値創造的人間観は，第4章で述べた通り，自己実現的人間観，社会的人間観，複雑的人間観，経済的人間観を合わせ持つ複合的な人間観であるといえるのである。

以上のことから，医療経営の基本原理は，患者やその家族をはじめとして，内部顧客である医療従事者等の利害関係者の利益を重視するものである。自組織にとっての存続可能性を高めるために，いかに適正な利益を確保しつつ，他者との共存可能性を高めていくのか。自組織にとっての適正利益の基準について考えなくてはならない。また同時に，他者の利益を重視するためのマネジメントについて組み立てていかなくてはならないのである。

5.4 医療経営の基本について

医療経営の基本であるサービス価値とは何か。また，サービス価値を提供するために，それも継続的に安定的に提供していくためには何をどのように組み立てなければならないのか，について述べることにする。サービス価値を生み出し実質的に提供し続けるためには，3つのサービス・サイクルが相互に呼応しながら機能することが欠かせない。1つはサービス理念サイクルである。第2はサービス管理サイクルであり，第3はサービス実施サイクルである。これら3つのサービス・サイクルのうちサービス管理サイクルが中心になって，サービス理念サイクルとサービス実施サイクルが相互関係の中で機能することを意図するものである。

(1) サービス価値はマネジメントの基本

サービス価値とは基本的に備えておかなければならない価値要因，また患者が病院を選択するにあたって当然期待している価値要因のことである。そ

の特徴は「一方向的」「マニュアル的」「集団的」「義務的」であり，直接的に対価を要求する経済的な活動である。また，安定的に継続的に提供することが目的である。この経営局面が安定化することによって，病院を持続可能な組織へ導くことができるのである。医療経営においては，下記の5点が主なサービス価値要因である。

---

①安全性価値の確保と向上。
②医学知の提供と医療技術水準の確保。
③医療行為全般における業務機能の効率性の向上。
④患者対象のクリニカルパス等のシステム化の推進[10]。
⑤医療提供体制（アクセシビリティー，時間，コスト，システム等）の整備。

　サービス価値の中にも後述するホスピタリティ価値が見え隠れしていることは指摘しておかなくてはならない。それは，ホスピタリティ価値の中にサービス価値が含まれているからである。より早くということについては当たり前であるができていない病院も多く見受けられる。だとすれば，患者が待たないで診察が開始される病院については，ホスピタリティ価値であると感じる患者がいてもおかしくないであろう。学問的には，ホスピタリティ価値を構成する願望価値として位置づけられるといえる。
　サービス価値は無形財としてのサービスばかりではなく，有形財としてのモノを含んでいることが考えられる。その理由は，無形財としての活動や機能の部分が大きいか小さいかによるからである。また，サービス価値は経営上，当たり前の世界である。どの病院においてもすでに一般化されていて，患者にとっても当たり前になっている世界である。いわば，経営にとっては，「型」のようなものであると言ってもいいだろう。その点，ホスピタリティ価値とは異なり，マネジメントするうえでの確実性は高いといえる。安定的に継続的に提供可能な仕組みをつくることが肝要である。それは，患者が確実に満足しなければ次のチャンスがないからである。このことは，形のあるモノについても同様である。

サービス価値を提供するには，患者の期待に対して業務機能を標準化，規格化，IT化，機械化，システム化，マニュアル化，ロボット化して，自動化と無人化を目指し，さらなる効率化を推進しなければならない。すなわち，「より早く（速く），より安く，より多くのもの・機能」を安定的に継続的に提供し続けることが第一義的に求められているのである。そうすることで，医療従事者は精神的な余裕を感知することができ，本来の創造的な活動に軸足を移すことができるのである。したがって，サービス価値は，後述するホスピタリティ価値創造の条件であるといえるのである。このことから，医療経営の基本として位置づけることが可能である。しかし，当たり前のことができない経営も多く見受けられる。患者からすれば，がっかりする経営のことである。まずは基本価値と期待価値を具現化できるように，効率的な仕組みを整えなくてはならない。

　一方，サービス価値を提供する効率経営は，患者の1人ひとりが見えない，また患者1人ひとりの感情に共感できない経営に陥りやすいことも忘れてはならないことである。サービス価値は，一方向的，マニュアル的，義務的で，集団を対象としているところに特徴がある。したがって，その遂行は形式的で機械的になる傾向が見受けられるからである。もはや一般化しているセルフサービスはその程度の差こそあれ，サービス価値のデメリットを多く含んでいるといえるのである。多くの有能な人をサービス価値にのみ閉じ込めて働かせている組織が何と多いことか。そうすることによって，やり甲斐を失い早期の離職が相次ぐことになるのである。医療経営においても例外ではない。また，現在の介護事業もその一例である。患者の「こんなのあったらいいのにね」に応える経営にするためには，「サービス価値を超えて」「期待を超えて」「満足を超えて」の方向性とマネジメント活動が，これからの医療経営には不可欠である。すなわち，経営のエンジンとしてのホスピタリティ価値へ重点シフトすることである。

　また，医療経営が過度にサービス価値に傾斜することがないように適度なブレーキも必要である。すなわち，「礼儀」「節度」「態度」「物腰」「言葉遣い」「ルール・約束事」「ポリシー」などの人間価値を育て働かせなければならない。下記は，ある患者の声である。効率性を過度に押し進めていくと，その

意図に反して形式的で機械的な運営に陥りやすいことを示唆しているものである[11]。

> **電子化で会話減る病院**
>
> 　母の付き添いで総合病院に行った際，案内などの電子化が進んでいたことに驚きました。まず，受付では自動発券機のような機械に診察券を入れます。すると，診療科と予約時間が端末の画面に表示されます。
>
> 　指示された診療科の窓口で待ち，順番になると自分の番号が案内板に表示されます。中では，先生がパソコンを見ながらの診察です。
>
> 　会計も端末で済ませて終了です。医師や看護師とほとんど会話することがありませんでした。外の薬局で「お大事に」といわれてようやくほっとしたほどです。待ち時間が短縮できるなど便利になった反面，少し寂しい気持ちになりました。
>
> 　4年前に父が亡くなってから，母は日中ほとんど1人で過ごしています。病院で医師や看護師さんらと，もう少し言葉を交わせたら，と思いました。

(2) 理念

　サービスに関する理念については，組織の中に患者満足度を向上させるという方針があり，そのための施策を計画し実施していく取り組み全体を組織共通の価値観とするものである。この価値観の具現化を通じて，患者が満足し再び来院することが期待される。そうすると，売上や利益が向上する可能性が出てくる。売上や利益が高まれば，働く人の給与が向上することが期待できるのである。これによって，一時的に働く人の士気が高まり満足する (Employee Satisfaction) ことにつながる。さらには，働く人は患者満足に向けてモティベートされる。このような循環で機能する一連のサイクルを「サービス理念サイクル」と名づけることにしよう。しかし，あくまでも楽観的な期待に依拠しているという点においては何ら根拠のないサイクルであるといわなければならない。すなわち，説明変数が必要である。上記したことは現

実的には論理的につながらない場合も起こり得るからである。さらに，働く動機は経済的報酬を得るためであるとする経済的人間観に基づいていることから，何か別のモティベーターズ（Motivators）が必要である。

(3) 管理

　第2のサービス・サイクルは，サービス管理サイクルという。どのようなサービスをどの対象にどのような水準でどのように提供するのか。それも継続的に安定的に提供していくのか，という問いに対して実際的で具体的な解を導き出すサイクルのことである。この「サービス管理サイクル」は，3つのサービス・サイクルの中では全体を機能させるうえで鍵となるサイクルでもある。次の4つのステップから構成される。第1のステップは，サービスにおけるビジネス・モデルをデザインし，目標と施策を組み立てることである。特徴ある診療科を育成するという目標とその施策については，1つの事例である。第2は，目標達成へ向けて人的資源と物的資源を編成し動員して活用するステップがある。第3は，サービスを均質的に安定的に提供する仕組みをつくるステップである。第4のステップは，患者からフィードバックを受けるためのサービス評価表を作成し，アンケートやインタヴュー等の調査を実施して，その評価結果を次の目標設定へフィードバックするものである。このサービス管理サイクルについては，ほとんどの病院においてほぼ同様でさほど大差なく行われているといえる。

(4) 実施

　実際にコアサービス[12]やサブサービス[13]を提供するサイクルのことである。例えば，患者の視点に立つと初診の場合，受付からスタートし診察券が発行される。その後，各診療科において診察を受け医療行為が行われる。この間に前後して問診や検査が行われることもある。診察が終了すると，会計窓口にて対価を支払うことになる。このように一連の機能や活動を組み立てて効率的に実施するサイクルのことを「サービス実施サイクル」という。その後，患者は処方箋を持って院外の薬局で有形財としての薬を受けとり，サービス実施サイクルを終えるのである。このサービス実施サイクルにおいても，ほ

とんどの病院においてさほど大差はないといえるものである。

5.5　病院とサービス経営について

　これまで述べてきたサービスには，満足という概念が適合する。なぜならば，医療サービスは基本的には患者の不足や必要などの欠乏動機に対応する行為だからである。したがって，ニーズ（Needs）という言葉が適合する。例えば，明瞭な会計といった顕在化したニーズが該当するのである。また，サービス経営[14]についてはゲストの期待に対しての効率性は高いが，対人関係面や医療の進化に関する価値創造に対しての効果性については低いといえよう。

　PS（Patient Satisfaction）とは，「患者が満足する」ことである。しかしながら，現状では「患者を満足させる」ことを目指してPS活動が行われている場合が少なくない。例えば，接客態度等の人間要因に関する教育などがこれに該当する。大切なことは，「患者が満足する」ことである。サービス享受者の期待に対してサービス提供者が行う行為がかみ合えば，患者が満足したと解釈することができるのである。もし患者の期待に対して医療従事者が対応できなければ，患者は不満足な感情（Dissatisfaction）を持つことになる。また，患者は病院側が思うほど満足しているとは限らない場合，不満ではないが満足していない状態（Unsatisfaction）についても考えられる。満足というほどではないが，近くにある他の病院と比べて良いからといった理由で妥協し選択している場合が考えられるのである。その上にサービス提供が義務的で機械的に行われているとしたら，患者は自らが満足するどころか，怒りの感情をあらわにして，敵意（Hostility）に基づいた敵対的な行為をとることになるかもしれない。医療訴訟などはその1つの例である。

　サービス提供の目的は，サービス概念のルーツやその意味によると，効率性の追求が第一義的である。このことから，その運営については当該業務を標準化してシステム化することを考え実施される。また，具体的にはマニュアル化することが基本的な施策である。この背景には誰がサービス機能を提供したとしてもその提供の様子や仕上がり具合はいつも均質的で，しかも継

続的に安定的に供給することを旨としているからである。前節で述べたところの「標準化された医療」が、これに該当するものである。

　このように、合理性に存在理由を有しているサービスのみでは、飽きやすく移り気で多様な患者の求めに応えることができないばかりか、心理的にファン（Fan）になるとかリピーター（Repeater）になることは考えにくいといえよう。医療の場合、国からフリーアクセスが認められていることから、支持者（Supporters）と表現した方がよいかもしれない。

　また、ホストである医師はゲストである患者の限りない欲求充足に応えることについては医学的な見地からも限界がある。逆に、患者が医師の都合による合理性のために不本意ながら従わざるをえない場合については不合理である。これらのケースについてはどれも、医師から患者へ、逆に患者から医師への一方向的な働きかけを通じて行われているものである。したがって、基本的には患者の期待に応えることを通じて患者満足のみを追求するサービス提供を目的にしたマネジメントになりがちである。なぜならば、サービス概念で捉えると、一方向的な理解に基づく働きかけであって、患者の個別性についての配慮は二の次になるからである。標準化された医療提供体制の中で、当該病院において決められたことを決められたように行うこと、また自らが決めたことを決めたように行い続けることだけではしだいに医療従事者の創造性を喪失させることになるであろう。さらには、機械的で心からの行為とはならない傾向に陥る危険性をも内包しているといえる。すなわち、個々人による心遣いや心配りは医療経営にとっては非効率的な働きかけであるとして排除されるといった心理的な圧力も考えられるのである。

　無形財としてのサービスはモノとは異なり、基本的にはその生産と消費については同じタイミングで行われることから、医師と患者の立場の違いこそあれ、共に人間が担い、互いの関係のあり方がその成否を左右することになる。その点、患者を満足させる視点から役に立つことを一方向的に行うサービス活動のみでは不安感を持っている患者を安心させるところまで導くことにならないのではないのか。すなわち、信頼感を根源とする関係にはなりえない可能性が出てくることが考えられるのである。その点、患者が「満足すること」と、「安心すること」とは明らかに峻別しておく必要があるであろう。

今後は，人間が本来持っている「心」を働かせ，「頭脳」を駆使して，医療従事者各人の働き甲斐や生き甲斐につなげていくことについて考えていかなくてはならない。[15] このように，サービス概念のレベルを越えたマネジメントが必要になる所以が，ここにあるといえるのである。

5.6 これからの医療経営の重点とは

本節では，医療経営の重点である「ホスピタリティ価値」について述べることにする。すなわち，「サービス概念のレベルを越えたマネジメント」が生み出すホスピタリティ価値について詳述するものである。上記したサービス価値が経済学の影響を受けてきた現状からすると，患者にとってはホスピタリティ価値といった認識はなく，一般的に表現されているところのサービスと解釈するかもしれない。このことについてはやむを得ないところである。しかし，医療マネジメントを行う側に立つならば，患者との信頼関係を築くうえで，サービス価値とホスピタリティ価値を峻別することは大いに役に立つことである。サービス価値については，すでにサービス・マネジメント論の中で存在している言葉である。一方，ホスピタリティ価値は患者が主観的に評価する価値の視点から筆者が造語したものである。効率性を重視するサービス価値の視点からだけでは，医療が直面する問題を解決することが困難となる場合が少なくないからである。

(1) マネジメントの重点はホスピタリティ価値

サービス価値とホスピタリティ価値はどのような相互関係にあるのか。第一義的には包含関係にある。すなわち，表4-1を見てわかるようにホスピタリティ価値の中にサービス価値が含まれている関係である。ホスピタリティ価値とは，基本的には「患者は期待していないが潜在的に願望していて提供されれば評価する価値要因」である。また，「期待や願望を超えてまったく考えたことがない予想外の価値要因」のことである。その特徴は，「双方向的」「相互補完的」「個別的」「配慮的」で，直接的に対価を要求しない相互関係

や信頼関係を構築することが目的である。ホスピタリティ価値は，変化を予知し変化に適応する価値要因であり，変化を創造するという側面を有している。できれば，医師と患者が共に創造する場づくりをしたいところである。医療経営においては，下記の10点が主なホスピタリティ価値要因である。

---

①患者の不安感・不信感の除去。
②待ち時間等での不快感の軽減。
③安心感に基づく患者と医師の信頼関係の形成。
④マニュアル的でない働きかけの実践（適応範囲，治療内容の柔軟性など）。
⑤共感性を高めるための気遣い・心遣いの実践（ちょっとしたさりげない気遣いなど）。
⑥その人らしく安心して生ききるナラティブ（Narrative）情報による医療・介護の実践。
⑦患者と医療側双方による喜び・歓喜（Delight）の場の創造（地域医療の格差解消のための遠隔医療システムの導入，施設内保育所の併設など）。
⑧医療・介護への信頼感の醸成（急患到着から治療開始までの時間短縮化・迅速化の取り組みなど）。
⑨予防医学の観点から病院機能の再編成と実施。
⑩心理面のケアに重点を置いた病院の運営と医療行為の実践。

ホスピタリティ価値の特徴の1つである「個別的」とはどういうことであろうか。それは，文字通り，患者・利用者一人ひとりに対して対応することである。例えば，サルコペニア（Sarcopenia）からフレイル（Frailty）に陥ることは知られているところである[16]。サルコペニアが筋肉の減少と喪失であるのに対して，フレイルは筋力，疲労感，活動能力，認知能力，栄養状態といった幅広い要素を含んでいる。医療にこの視点がないとどうなるか。薬の効能効果が低下しているとして薬が増量されるかもしれない。このことによって，

ポリファーマシー（Polypharmacy：多薬剤処方）による認知症，嚥下障害，転倒などが引き起こされる危険性が高まるのである。[17]その理由は，薬の副作用とは判断されず，加齢に伴う老化の進行により薬の効能効果が低下していると判断されることが少なくないからである。また，一方向的な判断にもとづいた個別的ではない関わりや働きかけによって，入院後は当該の病気については治癒したものの，入院前の生活が同じようにその人らしく行えなくなることも考えられる。とくに低栄養や加齢による筋肉量の低下から，筋力の低下，体重の減少，疲れやすさの自覚，歩行速度の低下，活動量の低下，エネルギー消費量の低下，食欲の低下，慢性的な低栄養など，フレイル（虚弱や脆弱な状態）が固定化されるケースである。[18]高齢者がこのような事態に陥らないようにするためには，患者一人ひとりを個別的に把握するホスピタリティ価値に重点シフトすることが求められる。また，薬剤師と連携することが考えられるところである。いわばキュアだけではなく，医療のケアといえるものである。

　患者が，「えっ，そこまでやるのですか」「おやっ，これまでの病院と違うぞ」「実際にこんな病院があったらいいのになあ」と思ったり感じたりしたという事実があれば，その病院にはホスピタリティ価値が存在していることが考えられる。その特徴は，「予想外」「非日常」「オリジナリティ（Originality）」「オンリーワン（Only One）」などである。例えば，iPhoneやiPadは基本的には独創であるが，一般のゲストにとってはまったく想像を超えていたという意味においては未知価値である。また，今日の医療においてiPhoneやiPadそのものは患者情報を共有するうえで欠かせない機器でもある。

　ホスピタリティ価値の候補にとしては，有形財である製品・商品の企画開発，無形財としての活動・機能，人的資源として把握される人間，施設・設備をはじめとした物的資源，動植物や自然を対象とする環境などがある。いずれの場合においても，標準化されたサービス価値を超える必要がある。可能であれば，患者と一緒になって共創する場づくりが好ましい。この上なく相互歓喜（Mutual Delight）[19]をシェアできるからである。患者が笑顔になるその瞬間が医療従事者の活力源であり，また幸せな気持ちになれる瞬間であるという話はよく聞くところである。心理的エネルギーが満ち溢れる瞬間でもある。

ホスピタリティ価値は患者が求める前に提供することが肝要である。それだけ，満足を超えたところの「安心」「歓喜」「驚嘆」「魅了」「堪能」「感激」「感動」「感涙」「感銘」が大きいからである。ますます患者との心理的な距離を縮め，あたかも一体化したごとくに，互いに双方の声を届け交わす関係へと変貌することになるであろう。また，未来創造のパートナーと表現してもよいであろう。

　ホスピタリティ価値を創造するには，何に留意すればよいのか。創造するということは，もともと先を見ると不確実である。また，経験に裏打ちされた即興を必要とする場合も少なくない。しかし，医療従事者の心は高揚しホスピタリティ価値の創造へ向かうことが考えられる。何故か。マネジメント機能が発揮されれば，もともと有している使命感に火がつくからである。また，第4章で述べたところの達成推進のプロセスにおいては医療従事者間にコンフリクト[20]が生まれることは容易に想像できるところであり，それを乗り越えてゴールすれば達成感が得られ自己効力感が高まるからである。

　ホスピタリティ人財の働き方については，サービス価値を安定的に継続的に提供し続けるとともに，他病院との差別化を目的として「ホスピタリティ価値」を進化させる姿を志向するものである。ホスピタリティ概念の言語的な意味に基づいて，インフォームド・コンセントの場における医師と患者についてはどのような存在であると捉えられるであろうか。ホスピタリティ価値は対人関係の側面だけにとどまらない。未知価値として医療の進化を推進する側面においても，これからの医療を牽引するものである。山中伸弥京都大学iPS細胞研究所長は，講演の中で次のように語りかけている[21]。

　　　私はマラソンをやっている。スポーツはすばらしいものだが，時に深刻なけがをする。例えば，脊椎損傷は基本的に治療ができず，大きな悲劇になる。
　　　私は基礎医学の研究を推進することで，新しい治療法を開発しようとしている。幸運なことに2006年，iPS細胞（人工多能性幹細胞）を開発した。iPS細胞は，無限に増殖し，筋肉，血液などの身体の様々な細胞に変化させることができる。

最初は皮膚細胞から作っていたが，今では他の細胞からも，iPS細胞を作れるようになった。化学物質などでiPS細胞を刺激して，様々な細胞を大量に作製できる。iPS細胞から作った拍動する心筋細胞を見ると，本当に不思議な気がする。

　私たちは，この技術で難病やけがに苦しむ患者を助けたい。応用方法は2つある。1つは細胞移植だ。日本はこの分野で世界をリードしている。

　理化学研究所の高橋政代博士は昨年9月，加齢黄斑変性という眼病患者のiPS細胞から，網膜色素上皮細胞を作製し，移植する臨床研究を始めた。私が所長を務める京都大学iPS細胞研究所では，iPS細胞から血球を作る研究などに取り組んでいる。慶応大学では，脊椎損傷の細胞療法を目指し，数年以内に臨床研究が始まると期待される。

　もう1つは薬の開発だ。私たちの研究所では，軟骨無形成症の患者のiPS細胞を使い，病気を再現することに成功した。再現した細胞で様々な薬剤を試した結果，コレステロールを下げる薬「スタチン」が効くことがわかった。医療への応用という意味では，薬の開発は細胞移植より重要性が高くなるだろう。

　私たちは研究論文も発表していくが，最終目標は，この技術を患者に届け，実際に医療応用することだ。

　医療研究の司令塔となることが期待される国立研究開発法人「日本医療研究開発機構」での取り組みについてもホスピタリティ価値の1つであるといえよう。[22]

(2) ホスピタリティ価値を共創する円卓発想について

　医療従事者が，心と頭脳を働かせて創造的な活動を推進していくことは医療を進化させる。しかし，容易なことではない。それは，現状に満足することなく高みを目指すからである。達成推進するためには，意志の強さが必要であろう。人間は，1人ひとりでは能力や経験のどれをとっても限界多き存在である。ならば，その限界多き存在の人間が，「三人寄れば文殊の知恵」

を実践するとどうなるか。ここに,「ホスピタリティ価値」創造マネジメントの真骨頂があるといえるのである。

ホスピタリティマネジメントの理想的な姿は,どのような場として捉えられるであろうか。伝統的な組織論や管理論から離れてイメージ化してみることが大切である[23]。そのためには上記したところの,ホスピタリティの言語的な意味を1つの形にする必要があるであろう。その形については,上下関係や主従関係によるトップダウン発想やブレイクダウン発想とは異なることは明白である。また,複数人が新しい価値の創造を共に担うというイメージが重要である。そのイメージを言葉にすると,どのように表現することができるであろうか。

そこには,医療経営が得意とするチーム発想のマネジメントが期待されるところである。そして,ホスピタリティマネジメントの目的は組織関係者の相互成長,相互繁栄,相互幸福であるが[24],活動するうえでの価値を何に見出し方向づけるのか。ここにマネジメントの本質がある。医療従事者が互いに心を合わせ,力を出し合って,一体感のある場を創造するマネジメントが求められているのである。

交流し合う関係,自律的な存在としての関係,そして相互補完の関係など,ホスピタリティが意味する条件を備え満たす場とは,どのようなものであろうか。それは,階層形態の場でないことは自明である。ならば,どのように表現することができるであろうか。ホスピタリティ具現化の場とは,どのような場が適合するであろうか。この点については,ホスピタリティ概念の意味を最も表現し具現化する考え方の1つとして,円卓発想(Round-table Thinking)を提案するものである。

円卓とは,組織関係者が互いに等しい心理的な距離にあり,互いに心と力を合わせて,1つのことを成しとげる「場」として捉えるものである。一方向的な関係を超えたところの捉え方である。また,互いに尽力するための目的の創造についても一緒に行う場として捉えるものである。患者のニーズを満たす場であるというよりは,より積極的に患者価値を創造する場として捉えるものである。円卓発想の要件は,下記の5点である。

1. ホスピタリティ概念の属性の1つである受容性を重視して，患者・利用者を含む多職種の参画主体間において連携し率直でオープンなツー・ウェイ・コミュニケーション（Two-way Communication）を行うことである。

2. 各人が1人ひとりの自律性を重視したチーム発想による運営を行うことである。誰が上で誰が下かという階層（Hierarchy）の発想から離れることは価値創造の過程において有効である。

3. 参画する主体は立場・役割が異なるが目的に対しては対等な関係である。メンバーの1人ひとりは何らかの形で貢献することが重要である。

4. 遂行責任（Responsibility）と説明責任（Accountability）の所在を明らかにしておくことである。

5. タイムスケジュールを明確化し計画的に推進していくことである。

図5-2　円卓発想によるチーム運営

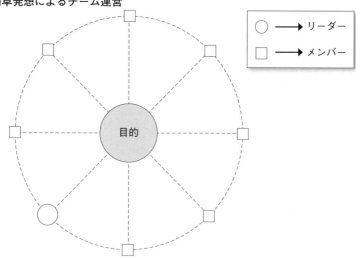

©YOSHIHARA, Keisuke
注：上記の点線については，リーダー・メンバー相互間の自由なやりとりを示している。
出所：参考文献［70］の94頁の図表2-11に加筆した。

図5-2として掲げた円卓発想によるチーム運営[25]は，互いが取り組む目的を創造するとともに，その目的を互いの強みを出し合い補完し合うことで達成する場として捉えるものである。また，そのための意思決定の場でなくてはならない。そして，計画権限と執行権限の両方を有する場でなくてはならない。それは，ホスピタリティマネジメントの目的の1つである自律性の発揮を促し，参画主体の能力発揮を最大化したいからである。例えば，医療の場合，大きな目的は「病気の治癒」と「患者のQOLの向上」の2つが考えられる。また，介護の目的は「その人らしく生ききることができるようにする」「困っている人が困らないようにする」「我慢している人がいれば我慢しなくて済むようにする」などが考えられるところである。そのために，ホスピタリティ概念を適用した「円卓発想によるチーム運営」が必要になるのである。

　なお，ホスピタリティ価値の目標項目としては，下記の23の視点が考えられるところである。これらに手を打つことは，ホスピタリティマネジメントのもう1つの目的である患者の主観的な評価価値を最大化することにつながるものである。

① 無形財としての活動・機能（医療・看護行為とケア）　　［1視点］
② 有形財としての提供物（食事や薬など）　　［1視点］
③ 人間価値を含む働きかけ，態度，精神，気遣い・心遣い，アイディア，人間関係力　　［6視点］
④ 専門知識・技術，印象（真実の瞬間），五感・センス，組織イメージ，インプレッション（Impression），レピュテーション（Reputation）　　［6視点］
⑤ 情報，手続，組織，場所，施設・設備，環境　　［6視点］
⑥ 経営理念，経営活動　　［2視点］
⑦ 金銭的要因・支払う金額　　［1視点］
　　　　　　　　　　　　　　　　　　　　　　計［23視点］

5.7 ホスピタリティ概念に基づく医療経営について

　ホスピタリティ概念に基づく経営[26]は，これまでの売上の増加や利益の向上を目的とする経営とは大きく異なるものである。すなわち，目指す経営の「質」が異なるのである。病院が指向するホスピタリティ経営の目的はホスピタリティの言語的な意味を根拠とすれば，究極的には関係者が互いに喜び合う，感動の場を創造する，感動を分かち合うことである。俗にいう「儲け」のためにホスピタリティマネジメントを行うとしたら，理論的には矛盾をきたすことになる。なぜならば，ホスピタリティマネジメントはもともと活私利他[27]の基本原理をその特徴にしているからである。

　ならば，どのように考えればよいのであろうか。例えば，急性期医療を前提とすれば，医療経営の目的は患者が満足することは当たり前で，患者が歓喜することであると捉えられる。ぜひ患者の喜ぶ顔が見たい，患者の喜びが私の喜びである，患者と一緒に感動の場を創りたい，感動を分かち合いたい，感銘の瞬間に立ち合いたい，などの事例については人間が生きていく目的そのものであると捉えることができるであろう。したがって，筆者は「ホスピタリティは，人間が生きる価値を生み出す源泉である」と捉えるものである。

　いま一度，これからの病院におけるホスピタリティ経営の目的は何であると捉えることができるであろうか。「潤い」「安らぎ」「癒し」「憩い」「寛ぎ」「暖かみ」「温もり」「味わい」「和み」「親しみ」「優しさ」「深み」「高み」などの場づくりであると表現することができよう。この場づくりには，標準化された医療を基本として，医療従事者の心の働きと頭脳の働きが必要である。意欲や志が必要であり，人間が抱く思いが不可欠である。そして，関係者との連携が不可欠である。すなわち，関係者の組織化が考えられるところである。

　したがって，ホスピタリティ経営を具現化するためには，これからのインフォームド・コンセントは医師主導でもなく，患者主導でもないところに成り立つという認識を共有することが重要である。どちらがイニシアティブを取るのかという問題はあるにせよ，結果的には両者主導によって両者の相乗効果[28]を高める姿が志向されるべきであろう。患者と医療従事者が出会い交流し合い，相乗効果を高め合うことは大いに楽しみなことに違いない。なぜな

らば，医療のさらなる進化によって不治といわれている病気についても治るかもしれない状況があるからである。したがって，ホスピタリティ経営は病院に関係のある組織関係者の間にインタラクティブ（Interactive）な関係と場の形成を志向するものである。大切なことは，この中に人間価値を土台としてマネジメント活動を位置づけることである。サービス価値は基本であり，これからはよりホスピタリティ価値へ重点シフトしていかなければならない。このことが，患者にとっても医療従事者にとっても求められているところである。なぜならば，患者が抱えている病気の治癒とQOLの向上が見込めるからである。また，医療従事者にとっては自己効力感が向上し能力発揮を最大化することができるからである。

■ 注

1) 参考文献［86］外国語文献のpp.112-115を引用し適用した。
2) 参考文献［86］外国語文献のp.113を引用し適用した。
3) 同上。傍点は筆者による。
4) 同上。傍点は筆者による。
5) 同上。傍点は筆者による。
6) 同上。傍点は筆者による。
7) 参考文献［86］外国語文献のp.5，p.74，及び参考文献［106］外国語文献のp.27，参考文献［117］外国語文献のp.9を参照。
8) 参考文献［86］外国語文献のp.88を参照。ホスピタリティ価値については，筆者による造語である。サービス価値については，参考文献［86］外国語文献のpp.128-129を参照。
9) 参考文献［104］外国語文献p.5, p.74，また参考文献［106］外国語文献p.27，参考文献［117］p.9を参照。
10) 症例ごとに到達目標を設定し，その目標達成のために検査，診断，治療，手術，看護，与薬，処置，食事などチーム医療に参画する医療従事者による医療・看護の行為を時系列的に工程表示し，進行管理することである（飯田修平・飯塚悦功・棟近雅彦監修（2005）『医療の質用語事典』日本規格協会の226頁-228頁を参照した）。
11) 読売新聞2012年12月11日朝刊を参照。
12) 参考文献［30］の211頁-212頁を参照。「サービス・パッケージの中心的機能を担っている。例えば，医療サービスのコア・サービスは，医師による診察と治療である。」としている。
13) 参考文献［30］の212頁-214頁を参照。促進的サブ・サービスと支援的サブ・サービ

スに区分して述べられている。また，非常時の状況適応的なサービスとしてコンティンジェント・サービスを挙げている。

14) 効率性を重視した経営であり，システム指向の経営のことである。
15) 「心を働かせる頭脳労働」と表現したもので，筆者による造語である。
16) 一般社団法人日本老年医学会ホームページ「サルコペニア：定義と診断に関する欧州関連学会のコンセンサスの監訳とQ&A」（2016年3月2日閲覧）を参照。
17) 同上「高齢者の安全な薬物療法ガイドライン2015―総論部分」（2016年3月2日閲覧）を参照。
18) 同上「フレイルに関する日本老年医学会からのステートメント」（2016年3月2日閲覧）を参照。
19) 相互歓喜とは，「医療従事者が心を働かせる頭脳労働を活性化し，患者やその家族に感動や感銘の場を提供することで，患者が期待や満足を超えて潜在的に願望している価値，また思わぬ価値（未知価値）を認知し共有して，患者と医療従事者の双方が喜び合うこと」である。
20) 参考文献［94］を参照。ホスピタリティマネジメントの方向性として，またコンフリクトの根本的な解決としては下記の⑤が挙げられる。
①一方がその立場を撤回して他方に応諾すること。
②一方が他方をなだめすかして宥和すること。
③互いが折り合うところを見つけて妥協すること。
④一方が他方に無理やり強制すること。
⑤互いに問題を直視して方途を探ること。
　また，参考文献［119］，及び参考文献［122］で提起された葛藤処理モデルもホスピタリティマネジメントと同じ方向にある。「自分の利得も相手の利得も大きくなるような方法を一緒に見つけようと働きかける方策」として，Collaboratingと表現されている。
21) 読売新聞2015年3月18日朝刊を参照。
22) 読売新聞2015年4月2日朝刊を参照。「患者も参加する助言組織を設け，患者の視点を研究開発の支援に反映させる」とある。また，読売新聞2015年12月24日朝刊を参照。「国内有数の研究所と製薬企業が手を組み，がんや腎臓病を治療する薬の開発に挑む産学連携組織を設置した。同機構と企業で年間7億円の研究費を拠出する計画」と述べられている。
23) 参考文献［14］の162頁-180頁を参照。
24) 組織関係者とは，主には患者と医療従事者である。患者の主観的な評価価値を最大化することと働く医療従事者の能力発揮を最大化することがホスピタリティマネジメントの目的である。
25) 参考文献［69］の102頁-106頁を参照。また参考文献［78］の54頁-56頁を参照。階層型の組織構造と対比している。本書図5-2（円卓発想によるチーム医療の図）の真ん中には，メンバー同士が創造し共有する目的を位置づけるものである。患者は，自らの病気を治癒へ向かわせるとともにQOLを向上させる主体者である。また，メンバーの

一員として位置づけることがポイントである。そして，多職種の参画主体は立場・役割が異なるものの，目的に対しては対等で相互補完の関係であり，メンバー1人ひとりが能力発揮して貢献することが重要である。

26) 筆者による造語で，「ホスピタリティ経営」と表現する。ホスピタリティ概念による経営（Management by the Concept of Hospitality）のことである。ホスピタリティ経営が創造する価値は，サービス価値を基本にして「ホスピタリティ価値」と表現することができる。ホスピタリティ価値については，参考文献［77］の150頁，及び参考文献［78］の94頁を参照。また参考文献［86］外国語文献のpp.106-126を参照。筆者は，これまでホスピタリティ概念の具現化を志向して，日本ホスピタリティ・マネジメント学会において「ホスピタリティ・マネジメントの枠組みに関する研究（Ⅰ）」と「同研究（Ⅱ）」を発表してきた。また，ホスピタリティ概念のルーツであるホスペス（Hospes）が何を意味しているのか，について考察してきたところである。私たちは自らがホスピタリティを実践しつつ具現化する（Manifest）ことを考えなければならないが，参考文献［77］でホスピタリティ・マネジメントについて定義づけた。また同時に，ホスピタリティを具現化するという視点からマネジメントの種類とマネジメント課題についても類別し，これらの課題を達成するマネジメントを通じて組織関係者の相互成長・相互繁栄・相互幸福がもたらされることを論じてきた。さらには参考文献［80］において，ホスピタリティを具現化する主体は人間であるとして時代の変遷とともに今日まで適用されてきた人間観について概観し，ホスピタリティ具現化へ向けて価値創造的人間観を提示してきたところである。

27) 活私利他とは，ホスピタリティマネジメントの基本原理に基づいて「自分のことはさておいても，ゲストの利益を重視し喜ばせたいとの思いから，自らの能力を最大限に発揮すること（最大化すること）」である。この定義は，ホスピタリティマネジメントの目的でもある。すなわち，ゲストの主観的な評価価値を最大化するとともに，働く人（ホスト）の能力発揮を最大化することである。

28) 相乗効果を高める関係とは，関係者がそれぞれ単独で活動するよりも，相互に連結し補完し合うことによって大きな成果を生み出す関係のことである。

29) 直接的に人間に関係していて，人間その人が生み出す価値という意味で，「人間価値」と表現し位置づけるものである。礼儀，節度，態度，物腰，言葉遣い，ルール・約束事，ポリシーなどが該当する。

第6章 インフォームド・コンセントの俯瞰図

　これまで，サービスとホスピタリティの両面から検討してきたところである。本章で明確にしたいことは，これからの医療に対する筆者の研究スタンスである。インタヴュー調査から文献調査へ，また文献調査からアンケート調査へ，インタヴュー調査からアンケート調査へと相互に関連づけながら進むアプローチが，筆者の研究スタンスである。以下，具体的に展開したい。

6.1　インタヴュー調査について

　インタヴュー調査は，当初，研究テーマの当たりをつけることを目的にして実施したものである。筆者自身，医療の「質」の維持と向上についてどのような視点からアプローチすることが良いのか，自問自答を繰り返していたからである。

(1)　対象者と質問内容について

　インタヴュー調査の対象者は，勤務医3名，開業医2名，患者1名の計6名である。勤務医の3名の方々には，インフォームド・コンセント以外にも多くの事項についてインタヴューを試みることができたところである。A氏とB氏は，勤務医である。C氏は勤務医であるとともに，大学教員でもある。また，D氏は自らも医師であると同時に病院経営者である。E氏は大学教員であったが，退職後，クリニックを開業している。F氏は唯一，患者として大病を患ったご経験のある立場からインタヴュー調査対象者として選んだものである。

　また，医療経営の根幹であるインフォームド・コンセントに関する主な質

問は，以下の2点である。1つは，「インフォームド・コンセントの現状はどうか」というオープンクエスチョンを試みた。第2は，「医師と患者の関係を相互補完の関係であると考えるとしたら，医師は何をすべきか。また，患者は何をすべきか」である。アンケート調査と比較すると，インタヴュー調査については対象が限定的である。しかしながら，より実態に迫ることができる方法の1つでもある。このようなインタヴュー調査の特性から，アンケート調査の項目とは必ずしも同じではない。すなわち，両調査の項目について全てが対応しているものではないことを記しておきたい。なお，インタヴューについては，2008年7月11日から12月27日までの間に6回行った。また，インタヴューの会場についてはA氏が筆者の研究室，B氏・C氏・D氏・E氏の場合はインタヴュー対象者の会議室等であった。また，F氏については都内の会議室を借りて行ったものである。

(2) インタヴュー調査から明らかになったキーワードについて

これまでのインタヴュー調査から本研究の対象であるインフォームド・コンセントに関係のある部分を取り上げ整理したものが，巻末の資料Ⅲである。ここからいえることは何か。インタヴュー調査によって，下記の24のキーワードを抽出することができたことである。

> 「納得性」「説明」「平易な言葉」「視覚」「理解」「依存」「勉強」「医学知識」「納得」「誠心誠意」「安心」「関係づくり」「理解力」「質問」「信頼関係」「医療情報」「満足度」「納得度」「患者のタイプ」「情報」「結果」「感謝」「リスク」「医師任せ（医師に任せる）」

本インタヴュー調査から，インフォームド・コンセントの本来の目的を達成するためには，医師には「説明」と「勉強」が求められていること，また患者は「理解」と「納得」が欠かせない要素であることがわかったところである。

6.2 アンケート調査のフレームワークについて

　本アンケート調査の目的は，インフォームド・コンセントをテーマとし，今後の医療界において意味のある仮説を発見するとともに，仮説を検証することである。図6-1にある通り，4つの視点から構成した。すなわち，「Ⅰ.病院マネジメント」「Ⅱ.医師の志向」「Ⅲ.患者との関係」「Ⅳ.医療成果」の各視点から，インフォームド・コンセントの実態を明らかにするものである。

図6-1　調査のフレームワーク～インフォームド・コンセントの俯瞰図

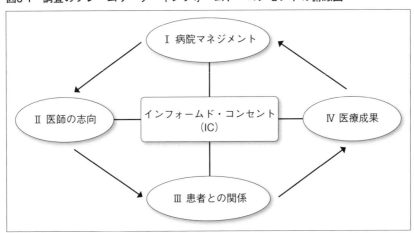

©YOSHIHARA, Keisuke

(1) 調査の視点

　図6-1において，調査のフレームワークを明らかにしたところである。本調査は，次の4つの視点を有しているが，それぞれどのような質問で構成したのか，またホスピタリティ概念とどのような関係にあるのか，について明らかにするものである。巻末にある資料Ⅰのアンケート調査票を参照していただきたい。

①病院マネジメントについて
　インフォームド・コンセントは，医師の考えだけでできるものではないで

あろう。所属する病院のマネジメントはどうなのか，が問われるところである。インフォームド・コンセントと病院全体の取り組みについて4項目の質問（問1〜問4）で構成した。

②医師本人の志向について
　第4章で述べたホスピタリティ人財を育成する視点の1つとして，「自己の領域」に関係する質問を17項目（問5〜問21）で構成した。自己の領域とは，医師の思いや考えを整理してまとめ，関係者に発信しながら問い直して，活動の意味を形成する領域のことである[1]。医師の自律性や傾注志向に関係している。

③患者との関係について
　同じくホスピタリティ人財の1つの視点として，「親交の領域」に関係する質問で構成した。問22〜問28までの7項目である。親交の領域とは，組織内外の関係者と親しく相互交流して共感性を高め広げるとともに，自己の思いや考えを問い直す領域のことである[2]。医師の交流性や交流姿勢に関係している。

④インフォームド・コンセントと医療成果について
　上記した②及び③と同様に，ホスピタリティ人財の1つの視点として，「達成の領域」に関係する質問で構成した。問29〜問33までの5項目である。達成の領域とは，医療成果に直接的に関係する課題・目標，ならびにその達成のための方策を組み立て，資源を動員し達成推進して相乗効果を高め，成果を獲得していく領域のことである[3]。遂行意欲や対等性（相互補完性）という態度に関係している。

(2)　アンケート調査の実施方法
①調査の名称
　「インフォームド・コンセントに関する調査」

②調査の目的
　インフォームド・コンセント概念の現実への適用について研究することを意図して，インフォームド・コンセントの実態を把握することが目的である。

③調査の対象
　病院に勤務する医師を対象とした。

④調査の時点及び調査の実施期間
　調査時点は，2008年11月1日現在とした。また調査期間は，2008年10月20日（月）から12月22日（月）までとした。

⑤調査の方法
　訪問留置調査（自記入式）を適用し，医師の自由意思に基づいた匿名のアンケート調査を実施した。

⑥統計ソフト
　Excel-Toukei 2008（Social Survey Research Information Co., Ltd. Software Products Group, Tokyo, Japan）を使用した。過去に「SPSS16.0」と比較した結果，分析手法について違いがないことがわかったので，今回，使用したものである。

⑦調査の回答状況
　配布した調査票数は，250調査票である。回収された168調査票の中で，有効な回答が得られた165調査票を用いて分析した。有効回答率は66.0％であった。

(3)　調査の結果

　「病院マネジメント」，「医師本人の志向」，「患者との関係」の各領域に関する医師の考えと「医療成果」領域との相関関係を検討するために，以下の分析を行った。
　まずは，回答者のプロフィールをまとめた。また，調査回答データについ

ては単純集計分析，及びクロス集計分析を行い，属性別，回答グループ別の差異を確認した。そして，相関係数を算出し，各質問項目が有意に相関しているかどうかについて確認した。さらには，χ2乗検定により統計的な差の有意性を検証した。

①回答者のプロフィールについて（n＝165）
　本アンケート調査の結果は，母集団の医師全体というよりは関東エリアにある病院に勤務する医師について限定的に取り上げていることが考えられる。性別，年代，医師になってからの年数，所属診療科，病床数，病院職員数についてそれぞれ表すと，下記の通りである。

1）性別
　集計医師165名の男女比は，「男性医師」が81.2％，「女性医師」が17.6％であった。

図6-2　性別の内訳

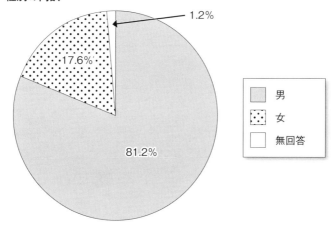

2）年代
　今回，調査した医師の年齢は，「30歳代」が39.4％でトップとなっている。続いて，29.7％で「40歳代」である。「20歳代」が15.2％，「50歳代」が12.1％であった。

第6章　インフォームド・コンセントの俯瞰図　71

図6-3 年代の内訳

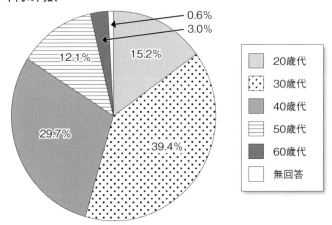

3）医師になってからの年数

医師になってからの年数については，「10年未満」が41.3%であった。続いて「20年以上」が26.7%であった。

図6-4 医師になってからの年数内訳

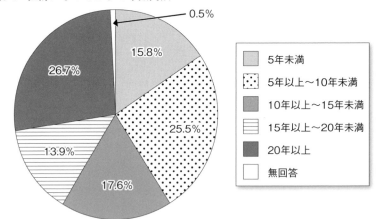

4）所属診療科

調査対象医師の所属診療科については，「外科」が16.4%であった。以下，「整

形外科」が10.9％,「内科」と「眼科」がそれぞれ9.7％であった。「産婦人科」が7.9％,「耳鼻咽喉科」が6.7％であった。「小児科」が4.8％,「呼吸器内科」「泌尿器科」「麻酔科」が,それぞれ4.2％であった。

表6-1　所属診療科の内訳

内科	9.7％	脳神経外科	1.2％
心療内科	0.0％	心臓血管外科	0.6％
消化器内科	3.6％	形成・美容外科	0.0％
循環器内科	2.4％	産婦人科	7.9％
糖尿病内科	0.0％	泌尿器科	4.2％
老年病内科	0.0％	小児科	4.8％
膠原病・リウマチ内科	2.4％	耳鼻咽喉科	6.7％
血液内科	1.2％	皮膚科	0.6％
呼吸器内科	4.2％	眼科	9.7％
腎臓内科	0.6％	歯科	0.0％
脳神経内科	1.8％	麻酔科	4.2％
外科	16.4％	その他	6.1％
整形外科	10.9％	無回答	0.8％
	合計		100.0％

5）病床数

病床数は,「700床以上～900床未満」が41.8％で第1位であった。次いで,21.8％で「200床以上～500床未満」である。「900床以上」の病院は,13.9％であった。

図6-5　病床数の内訳

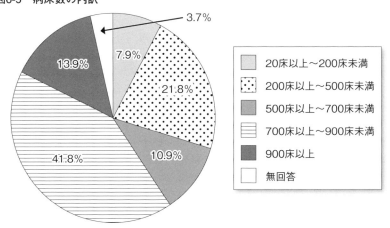

6）病院職員数

　病院職員数は，「500人以上」が全体の69.8%であった。

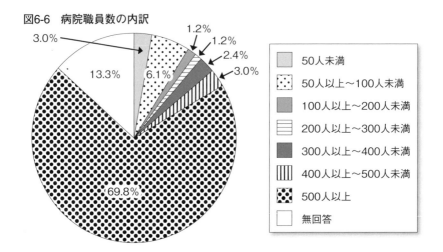

図6-6　病院職員数の内訳

②単純集計分析について

　単純集計分析については，インフォームド・コンセントを中心として病院の医療や医師のあり様について全体的に概観し把握することが目的である。

1）患者に説明する項目数について（資料1）

　「多すぎる」と「かなり多い」を選択した医師は，64.9%であった。また，「現状のままでよい」は，31.5%であった。「どちらかといえば少ないと考える」と「もっと追加すべきである」を選択した医師については，2.4%であった。

2）ホスピタリティという言葉について（資料2）

　「知っているし，意味を理解している」とした医師は，20.0%であった。また，「知っている」と回答した医師は41.8%であり，「聞いたことがある」と回答した医師は22.4%であった。

3）医師の確信について（資料3）

これからの医療のあるべき姿，例えば救急医療のあり方等について自らの思いや考えに確信を持っているか，について尋ねたものである。その結果，「どちらかといえば確信を持っている」が40.0%，続いて「どちらともいえない」が32.7%であった。「大いに確信を持っている」は，11.5%であった。

4）インフォームド・コンセント実施時に工夫していることについて（資料4）
　トップは，「わかりやすい説明」が90.3%であった。第2位は，「話し方」で57.0%である。第3位は48.5%で，「患者の希望や気持ち・考えの理解」であった。以下，「冊子の配布」（20.6%），「共感的な聴き方」（13.9%），「患者が安心してリラックスできる場の設定」（13.9%）と続いている。ボディーランゲージの項目については，それぞれ「患者との位置（椅子に座る位置）」（9.1%），「視線」（6.1%），「患者との距離」（6.1%）等であった。また，「顔の表情」については，5.5%であった。

5）患者に説明する際に重視することについて（資料5）
　第1位は，82.4%で「病名と病状」であった。第2位は，78.2%で「治療に際して予測されるリスク・副作用」であった。第3位は，「当該患者に最適と考えられる治療方法の目的と内容」（71.5%）である。以下，「検査の目的と内容」（49.7%），「治療後に予測される経過・結果」（48.5%），「治療に対する患者の納得度」（33.9%），「病気の進行」（30.9%），「予測される後遺症」（26.7%），「治療しない，もしくは治療拒否の場合の予後」（21.2%）である。10%台の項目は，「代替治療方法の内容，目的，必要性，根拠，効果」「治療に要する期間」であった。また，10%未満の項目は，「完治率」「セカンドオピニオンの勧め」「リハビリテーションの内容」であった。

6）インフォームド・コンセント実施時に準備することについて（資料6）
　「当該病気に関する専門的な知識・情報」が84.8%でトップである。第2位は，「治療方針」で55.8%であった。以下，「患者の希望や気持ち・考えの理解」（44.2%），「医療技術の内容と水準の研究」（23.0%），「現代の医療水準へ向けての研鑽」（23.0%），「患者への説明の仕方」（21.8%），「副作用への対応」（18.2%），

「医師としての信念，価値観」（10.9%），「リスク回避策」（9.1%）であった。

7）患者に望むことについて（資料7）
　20%以上の項目は，「担当医師との信頼関係構築の努力」（56.4%），「予想されるリスクに対しての理解」（51.5%），「担当医師の説明内容についての理解力・受け止める力」（49.7%），「病気についての関心」（37.6%），「病気に立ち向かう姿勢」（31.5%），「病気についての知識・情報」（26.7%）の6項目であった。

8）インフォームド・コンセント実施時の障害について（資料8）
　医師が考える障害については，「医師の時間的な余裕のなさ」が第1位の71.5%であった。「患者の非協力的な態度（患者が抱える病気の情報提供など）」が第2位の53.3%である。第3位は，「患者の病気についての知識・情報の不足」の47.9%であった。以下，「患者の医師任せの意識」（40.6%），「医師の心理的な余裕のなさ」（27.3%），「患者の健康に対しての軽視」（22.4%），「医師のパターナリズムの意識」（7.9%）である。「病院全体のインフォームド・コンセントに対する取り組みの程度」は，3.6%であった。

9）医師と患者の望ましい関係について（資料9）
　38.8%の医師が，「医師が説明したうえで患者自らが治療方法等を決定するように促す関係」を選択している。また，「医師と患者が共に働きかけあうパートナーとしての関係」を選択した医師は，35.2%であった。「医師は医療技術等を提供し，患者はそれを受けとる立場という機能的な関係」を選択した医師は，20.0%であった。「医師が主人で患者が従者である主従の関係」は，3.0%であった。

10）インフォームド・コンセントの効果について（資料10）
　「医師と患者が相互に理解しあえる」が73.3%であった。また，「患者の自己決定を尊重する姿勢が身につく」を選択した医師は，61.8%であった。「医師として説明責任能力が向上する」を選んだ医師は，50.3%である。以下，「説

明するうえで実証的な姿勢が鍛えられる」（29.1％），「医師と患者の関係を超えて人間としての交流がある」（21.8％），「医師としてのプロフェッショナル意識が高まる」（21.8％），「医療技術水準の向上に寄与する」（18.2％），「医療全体の進化に貢献する」（13.9％）であった。また，経営との関係について「病院経営を時間やコスト等の面から圧迫している」を選択した医師は10.9％であり，「病院経営の改善につながっている」を選択した医師は6.1％であった。「患者に励まされ勇気をもらう」については，2.4％であった。

③クロス集計分析について
　回答者プロフィールとのクロス集計分析を試みたものである。

1）年齢とインフォームド・コンセントの効果との関係について（資料11）
　「効果がある」を選択した102名のうちの35.3％が，40歳代であった。一方，「効果がない＋どちらともいえない」とした63名の医師のうち，30歳代が47.6％であった。

2）医療従事者間のコミュニケーションと患者の人生への影響との関係について（資料12）
　問4の「インフォームド・コンセントを実施する際の，医療従事者間のコミュニケーション（意思の疎通）」と「患者の人生への影響」との関係については，「大いに影響を与えると考える」と「かなり影響を与えると考える」をまとめて，「影響がある」とし，96名の医師が選択した。「どちらともいえない」「そんなに影響を与えないと考える」「まったく影響を与えないと考える」については，「影響がない＋どちらともいえない」とし，69名の医師が選択した。

④相関分析について
　相関分析を行い，相関係数を算出した。本分析については相関が強いかどうかを求めたものではなく，有意に相関しているかどうかについて求めたものである。すなわち，相関の強さというよりは有意差があるかどうかを問題にした（資料13）。

1）医師の志向とインフォームド・コンセントによる治癒効果に関する分析

「医師本人の志向」領域の設問と医療成果としての「インフォームド・コンセントによる病気の治癒効果」との相関を資料13に示す。「インフォームド・コンセントの考え方への賛否」は「診療に関する患者の自己決定の可能性」、「インフォームド・コンセントによる病気の治癒効果」と正の相関がみられた。また、「診療に関する患者の自己決定の可能性」は「インフォームド・コンセントによる病気の治癒効果」と正の相関がみられたところである。なお、本分析は相関が強いかどうかを求めたものではなく、有意に相関しているかどうかについて求めたものである。

2）医師の志向とインフォームド・コンセントによる患者の人生への影響度に関する分析

「医師本人の志向」領域の設問と「インフォームド・コンセントによる患者の人生への影響度」との相関については、資料13に示したところである。これによって、「インフォームド・コンセントの考え方への賛否」は「診療に関する患者の自己決定の可能性」、「インフォームド・コンセントによる患者の人生への影響度」と正の相関がみられた。また、「診療に関する患者の自己決定の可能性」は「インフォームド・コンセントによる患者の人生への影響度」と正の相関がみられたところである。なお、本分析は相関が強いかどうかを求めたものではなく、有意に相関しているかどうかについて求めたものである。

⑤ χ^2 乗検定について

「Ⅰ．病院マネジメント」「Ⅱ．医師本人の志向」「Ⅲ．患者との関係」に関する質問項目について、「Ⅳ．医療成果」が「あり」と「なし」のグループ別にみた場合に差異があるかどうかを統計的に検定したところである。各グループ別にみて相対的に比率が高い項目を探ることで、医療成果に影響を与える要因を検索した。医療成果とは、問29「インフォームド・コンセントによる病気の治癒効果」、問30「インフォームド・コンセントによる患者の人生への影響度」、問31「インフォームド・コンセントの効果」、問32「インフォー

ムド・コンセントによる患者数増加の効果」のことである。

1）インフォームド・コンセントの効果（患者の自己決定を尊重する姿勢が身につく）の有無別にみたインフォームド・コンセントの考え方への賛否に関する差の検定（資料14）

　インフォームド・コンセントの効果で，「患者の自己決定を尊重する姿勢が身につく」効果があると回答した医師でみた場合，インフォームド・コンセントの考え方に対し「大いに賛同」という回答が，全体と比較して高い。この差異はχ^2乗検定によると，有意な差としてみることができる。（1％有意）

2）インフォームド・コンセントの効果（患者の自己決定を尊重する姿勢が身につく）の有無別にみたインフォームド・コンセントの説明義務に対する考え方に関する差の検定（資料15）

　インフォームド・コンセントの効果で「患者の自己決定を尊重する姿勢が身につく」効果があると回答した医師でみると，インフォームド・コンセントの説明義務に対する考え方で「患者の納得性が高まり，自ら選択できるから必要」という回答が，全体と比較して高い。この差異はχ^2乗検定によると，有意な差としてみることができる。（1％有意）

3）インフォームド・コンセントの効果（患者の自己決定を尊重する姿勢が身につく）の有無別にみた診療に関する患者の自己決定の可能性に関する差の検定（資料16）

　インフォームド・コンセントの効果で「患者の自己決定を尊重する姿勢が身につく」効果がないと回答した医師でみると，診療に関する患者の自己決定の可能性で「どちらかといえば不可能」という回答が，全体と比較して高い。この差異はχ^2乗検定によると，有意な差としてみることができる。（1％有意）

4）インフォームド・コンセントによる病気の治癒効果の有無別にみた医師と患者の望ましい関係に関する差の検定（資料17）

　インフォームド・コンセントによる病気の治癒効果があると回答した医師

でみると,「医師と患者が共に働きかけあうパートナーとしての関係」を望ましいと考える比率が,全体と比較して高い。一方,インフォームド・コンセントによる病気の治癒効果がない(どちらともいえないを含む)と回答した医師でみると,「医師は医療技術等を提供し,患者は受ける立場という機能的な関係」が望ましいとする比率が比較的高い。この差異は χ^2 乗検定によると,有意な差としてみることができる。(1％有意)

5) 医師と患者の望ましい関係別にみた患者に対する働きかけの傾向に関する差の検定(資料18)

医師と患者の望ましい関係について「機能的な関係」または「主従の関係」と回答した医師でみると,患者に対する働きかけの傾向は「評価的な傾向」が全体と比べて高い。一方,「患者自らが治療方法等を決定するように促す関係」または「パートナーとしての関係」と回答した医師でみると,患者に対する働きかけの傾向は「対話を働きかけ促す傾向」が比較的に高い。この差異は χ^2 乗検定によると,有意な差としてみることができる。(1％有意)

6) インフォームド・コンセントの効果(医師と患者の関係を超えて人間としての交流)の有無別にみたインフォームド・コンセントの実践に向けた障害点(患者の非協力的な態度)に関する差の検定(資料19)

インフォームド・コンセントの効果(医師と患者の関係を超えて人間としての交流)について「効果がある」と回答した医師でみると,インフォームド・コンセントの実践に向けた障害点「患者の非協力的な態度」の回答比率が全体と比べて高い。この差異は χ^2 乗検定によると,有意な差としてみることができる。(1％有意)

⑥定性的記述について

アンケート調査票で,各質問の回答欄にある「その他」に記入しているもの,及び自由記入欄に記入しているものを見ると,回答結果については巻末にある資料20と資料21のように分類することができる。資料20にある通り,問20インフォームド・コンセントの実践に向けた障害点への記入が8人と相

対的に多かった。また，問31 インフォームド・コンセントの効果について記入した医師が15人と多い。そして，自由記入欄への記入内容について分類すると，資料21の通り，患者や家族に関する内容が22.3％と多かった。第2位は，書類作成や事務手続き等の負担について言及している記入で，17.9％であった。第3位は，インフォームド・コンセントの定義と時間的な不足で，それぞれ16.4％であった。また，訴訟リスクの回避が9.0％であった。

以下は，無作為抽出で各質問の回答欄にある「その他」に記入しているもの，及び自由記入欄に記載されたものの一例である。

1) 患者が自らの健康の維持を主体的に考えられない場合にインフォームド・コンセントの実践へ向けた障害となる。

2) インフォームド・コンセントの効果としては，訴訟対策の面が強いかもしれない。

3) スペースと時間の確保，患者側の教育レベル，医師側の説明能力，患者以外の患者側の代表者を決定する困難さ（代表者を決定しないと，何度もインフォームド・コンセントを行うことになってしまう）。

4) 「本音」と「建前」があると思います。「本音」は，リスク・訴訟を避けるためで，「建前」は，患者の理解のため。現実的に，完全に理解して頂くには難しい。患者さんによって，理解度の差が激しい。

5) 患者さんが理解していても，必ずしも家族の人が理解出来ているとはいえない。患者さんが重症の場合，家族の方がKeyとなるが，その人数も多く，またKey Personへの説明等が大変です。

6) インフォームド・コンセントはとても重要なことではあるが，近年，細かく行うことや，また訴訟を想定に入れた説明義務の遂行を目的としている傾向があり，あまりに煩雑になった。結果，書類の山が増えるばか

りで，内容の重要性や患者さんの本当の理解，また患者さんが後にそれをもとに病気のことを理解する（読み直すこと等）ことを妨げているのではないかと感じられる。インフォームド・コンセントの意義を明確にすべきであると考える。

7) 患者の理解力によって，インフォームド・コンセントの達成度はかなり影響されると思う。また，受け止め方にしても，楽観的，悲観的等，かなり個人差があり，各患者に応じた対応が必要だと思う。

8) 情報提供を医師が行ったとして，患者側はbackgroundがないため，必ずしも適切な判断，理解が出来るとは限らないと認識し，情報提供の上，治療法の決定に関しては適度に助言を加えるべきである。また，患者の自己責任の側面に医療側が頼りすぎて，インフォームド・コンセントを医師の"免罪符"のように行使すべきではないと考えます。

9) インフォームド・コンセントは，医師にとっては基本的な事柄ですが，それを受け止める患者側の姿勢に大きなばらつきがあります。それにどう対応して行っていけるかというところにポイントがあると思います。また，社会全体の教育，疾患を受け止める報道活動，教育活動も必要だと思います。

10) 情報を提供することは非常に重要だが，情報があふれている現代では，インフォームド・コンセントは難しくなってきていると思われる。Familyや本人がインターネット等で選択不可能なくらいの量の情報を病気の進行にも合わせず，出してくることも多い。そういう意味で，以前よりももっとガイドラインが重要視されるようになってきていると思います。

11) 説明はとても重要だが，検査・治療は多岐に渡るため，限られた時間内で行うことが出来るよう，テンプレートの作成等，医師の負担を軽減す

る取り組みが必要であり，これらは診療科内や病院全体の取り組みとして行うべきであると考える。ただし，説明をしても治療方針を患者自身が全て理解して選択することは難しいと考えられ，患者の選択を促すことが出来るよう，適切な説明をすることが望ましい。

12) 理解力のない患者，思い込みの強い患者に対しては説明しても理解が得られない場合がある。また，理解したつもりでも実際は理解していないことの方が多い。過重労働の中，説明の時間がなかなか取れないし，約束の時間が守れないこともしばしばある（急患等で）。患者，家族の都合で面談時間が夜遅くになり，過重労働に拍車をかけている場合もある。

13) 時間がかかる，すなわちコストがかかる。しかし診療報酬はそれに見合っていない。

14) 医師，医療側の時間的・精神的余裕がほしいことと，バックアップする個人的な強さが必要。

15) 今回のアンケート内容ですが，インフォームド・コンセント（IC）の定義について，設問者と私に多少のギャップを感じます。私の未理解なのかもしれませんが，現場ではICとは患者に対する十分な説明と理解しています。当然十分な理解を患者様に促し，患者様の意思で治療を行いますが，AとBの治療が同じ確率で主作用，副作用を起こすのであれば，患者様に決定して頂きますが，効果も副作用もA＝Bはまずあり得ません。その場合は，その道の専門医としてより有効と思える治療をお勧めする。それがプロだと思っていますので，多くの場合は患者の自由な意思決定による決定は，させるつもりはありません。場合によっては，理解しようとなさらない患者様には治療をお断りするケースもあります。私の属する病院は癌専門病院ですので，偏っている部分もあるかもしれませんが，IC，告知は100％行います。必要なことは患者様が病気に対する理解を深めることにあり，また医師が何を思って治療にあたるかを理解すること，

それがICだと考えています。ですので,「時間的余裕がないから出来ない」では,治療にあたるべきではないと考えますし,「患者に説明する項目数」は患者の病状に応じて変わってきます。多いとも少ないともいえません。

(4) **考察**

　本調査は,インフォームド・コンセント概念の現実への適用について研究することを意図して,インフォームド・コンセントの実態を調査し今後を展望するものである。また,病気が治癒する急性期医療を前提とし,自らが判断し意思決定することが可能な患者を対象にしている。本アンケート調査の結果は,母集団の医師全体というよりは関東エリアにある病院に勤務しインフォームド・コンセントに関心のある医師について限定的に取り上げていることが考えられる。また,そのような医師を集団としてその意識を反映している可能性が考えられることを付記しておきたい。すなわち,インフォームド・コンセントにおける患者の自己決定の可能性に関する医師の考えと医療成果との相関関係について検討したものである。以下,単純集計分析,クロス集計分析,相関分析,χ^2乗検定の各結果について,それぞれ考察するものである。

①単純集計分析結果について

　単純集計分析には,全体を概観できるメリットがある。以下の9点について考えられる。

1) 患者に説明する項目数については,「1.多すぎる」と「2.かなり多い」の合計が64.9%であり,インフォームド・コンセントの理念や目的を見失っていることが考えられる。自由記入欄において,「最近では患者に説明したという事実が重要だと考えている。それは訴訟のリスクも考えてのことである」と書いている医師がいた。免責のためのインフォームド・コンセントになっているのではないか。今後の検討課題である。

2) 本論において検討してきたホスピタリティという言葉については,「知っている」と回答した医師は41.8%であった。しかし,「知っているし,意味

を理解している」となると，20.0％であった。病院，すなわちHospitalは，ホスピタリティ概念のルーツであるHospesから派生している言葉である。したがって，病院をホスピタブルな空間にする主体は医師であると考えるならば，今後の医療分野においてホスピタリティに関する教育が必要であることが示唆されているといえよう。

3）「医師としてこれからの医療のあるべき姿，例えば救急医療のあり方等について自らの思いや考えに確信を持っていますか」と尋ねたところ，「どちらともいえない」と「どちらかといえば確信が持てない」と回答した医師は，46.0％であった。半数近くの医師が，確信が持てないといった方向にあると解釈される。自らの思いや考えに確信が持てるかどうかについては，ホスピタリティ概念の構成要素の1つである自律性に関係している。その点，ホスピタリティ実践のためには欠かせない視点であり，なお調査が必要である。

4）問14で，「あなたは，インフォームド・コンセントを実施する際に，何か工夫していることはありますか」と尋ねた。コミュニケーション上，相手に与える影響度が高いボディーランゲージに関する回答は極めて少ない。このことは，インフォームド・コンセントの目的である患者の納得する自己決定にマイナスの影響を及ぼしていることが考えられるところである。

5）患者に説明する際に何を重視するか，については第1位が「病名や病状」である。次いで「治療に際して予測されるリスク・副作用」を選択している。また，患者に望むことの中にも「予想されるリスクに対しての理解」を挙げている医師が多い。しかしながら，問17で「あなたは，インフォームド・コンセントを実施する場合に，医師としてどのような準備をしていますか」と尋ねたところ，「リスク回避策」を選択した割合は，9.1％であった。また，「副作用への対応」を選択した割合は18.2％にとどまっている。上記したことは，論理的には矛盾する結果であるといわざるをえないところである。今後，さらに実態調査が必要である。

6）患者に何を望むか，については，「日常からの身体に対する注意力やケア」が6.1%であった。この1つの結果は医師の役割について，また病院の機能について再検討するきっかけになるかもしれない。病院の機能については，これまで医療モデルに基づいて論じられてきた。このことは，ごく自然なことであったといえる。しかし，この機能だけでよいのかが問われているのである。患者価値の中で願望価値や未知価値の観点から，病気の予防や健康の増進についての議論が実質的に展開される時期にきているといえるだろう。

7）問20で「インフォームド・コンセントを実施する際に，何が障害になるとお考えですか」と質問したところ，「医師の時間的な余裕のなさ」を挙げた医師が71.5%であった。インフォームド・コンセントの目的，ならびにインタヴュー調査の結果を合わせ考えると，それ相当の意識改革と病院マネジメント改革が求められていることが示唆されているものと考えることができる。また，問20に対して「病院全体のインフォームド・コンセントに対する取り組みの程度」を選択した医師は，3.6%であった。これは一体，何を意味しているのか，引き続き，調査することが必要である。

8）医師と患者の望ましい関係については，「医師は医療技術等を提供し，患者はそれを受けとる立場という機能的な関係」との回答が，20.0%であった。年齢との関係でいえば，20歳代が28.0%，30歳代が27.0%，40歳代が14.9%，50歳代が5.0%であった。医師になってからの年数についてもほぼ同様の傾向である。結果的には若い医師に多く見受けられたことは意外であった。今後，医学教育の変遷やその内容について議論する必要がある。第4の関係を選択した医師は35.2%である。第3の関係と合わせると，74.0%である。第3章で述べたように，医師と患者において望ましい姿の実現可能性については高いといえよう。

9）インフォームド・コンセントの効果については，「医師と患者が相互に理解しあえる」，ならびに「患者の自己決定を尊重する姿勢が身につく」

と回答した医師が多かった。これらを実質的に前進させるためには，どのようにマネジメントしていくのか，の視点が重要である。また，「病院経営の改善につながっている」，ならびに「病院経営を時間やコスト等の面から圧迫している」を選択したサンプル数は，相対的に少ない結果であった。このことは，病院経営に関しては関心が薄いことが考えられる。

②クロス集計分析結果について

　回答者プロフィールとのクロス集計分析を試みた。特に，問29と問30で尋ねた医療成果とのクロス集計分析を行った。その結果，以下が確認されたところである。

1）年齢と問29との関係でいえば，インフォームド・コンセントが病気の治癒に有効かとの関係は30歳代において「効果がない＋どちらともいえない」を選択した医師は，63名のうち47.6％であった。この数字をどのように捉えるか。30歳代はちょうど多忙な年齢であるかもしれない。しかしながら，決して無視できない数字である。因みに，40歳代については20.6％，20歳代が15.9％である。さらに，実態調査が必要である。

2）医師が，インフォームド・コンセントを実施する場合に他の医療関係者との連携は欠かせないところである。問4で，「インフォームド・コンセントを実施する際に，看護師との医療従事者間のコミュニケーション（意思の疎通）は取れているとお考えですか」と尋ねたところ，「大いにコミュニケーションが取れている」と「どちらかといえばコミュニケーションが取れている」の合計割合は，回答した医師165名のうち46.1％であった。そして，96名の医師が「インフォームド・コンセントが患者の人生や幸せに影響を与える」と答えている。一方，「どちらともいえない」「そんなに影響を与えないと考える」「まったく影響を与えないと考える」と回答した医師は69名であり，そのうちの42.0％が「大いにコミュニケーションが取れている」と「どちらかといえばコミュニケーションが取れている」を選択している。コミュニケーションが不足していると回答した医師も約半

数いて，さらに分析が必要である。

③相関分析結果について

　問1から問33まで相関分析を行い，相関係数を算出した。下記3点は，医療成果と相関関係があるとの結果であり，医療成果を上げるためには何を高めるのか。また，何を充実させればよいのか。継続的に研究することが求められているところである。

1)「診療に関する患者の自己決定の可能性」については，「インフォームド・コンセントによる病気の治癒効果」，及び「インフォームド・コンセントによる患者の人生への影響度」と正の相関がみられた。

2)「インフォームド・コンセントの考え方への賛否」は，「診療に関する患者の自己決定の可能性」，ならびに「インフォームド・コンセントによる治癒効果」と正の相関がみられた。

3)「インフォームド・コンセントの考え方への賛否」は，「診療に関する患者の自己決定の可能性」，ならびに「インフォームド・コンセントによる患者の人生への影響度」と正の相関がみられた。

④χ^2乗検定結果について

　各グループ別にみて相対的に比率が高い項目を探ることを通じて，医療成果に影響を及ぼす要因を検索した。これによって，考えられることは以下の6点である。下記についてはそれぞれ論理的な関係にあり，これからのインフォームド・コンセントのあり方を導き出すうえで意味のある関係であることが考えられる。また，下記の6点についてそれぞれ認められた差異は，χ^2乗検定によると有意な差としてみることが可能である（1％有意)。

1) インフォームド・コンセントの考え方に対し大いに賛同する医師の志向は，患者の自己決定を尊重する姿勢が身につく効果に影響すると考えることが

できる。

2）インフォームド・コンセントの説明義務に対する考え方で，患者の納得性や患者の自己選択を優先する医師の志向は，患者の自己決定を尊重する姿勢が身につく効果に影響するものと考えられる。

3）診療に関する患者の自己決定の可能性について「不可能」とする志向は，患者の自己決定を尊重する姿勢が身につく効果に対してマイナスの影響を及ぼすことが考えられる。

4）医師と患者との機能的な関係は，インフォームド・コンセントによる病気の治癒効果に対してマイナスの影響を及ぼすことが考えられる。

5）医師の患者に対する働きかけの傾向が「評価的」である場合，医師と患者との関係性が「機能的」「主従的」であることが望ましいとする傾向につながりやすく，また「対話を促す」傾向は「患者に自己決定を促す関係」や「共に働きかけあうパートナー関係」の傾向につながりやすいと考えられる。

6）患者の非協力的な態度は，インフォームド・コンセントを実施する際に「医師と患者の関係を超えて人間としての交流がある」ことに対して，マイナスの影響を及ぼすことが考えられる。

⑤定性的記述の結果について
　定性的記述については，アンケート調査対象の医師が自発的に記入した点において意味があるだろう。インフォームド・コンセントについてはその理念から重要な取り組みであるとしながらも，現実の中でその運用に警鐘を鳴らしている記述が見受けられたことは何を意味しているのであろうか。医師自らが時間的な余裕と心理的な余裕がないとしている点は，理念通りの運用ができていないことに対していらだちを感じているのかもしれない。そのような状況からインフォームド・コンセントが形骸化しつつあるという状況を

感じているのであろう。インフォームド・コンセントは医療サービスの一環として位置づけられ，サービス価値を提供するための手段になっているのではないのか。インフォームド・コンセントの意味するところは，実践段階においては十分に理解され機能するところまでには至っていないことが窺えるところである。すなわち，医師は基本的には情報の非対称性を解消し患者が自己決定できるように支援するために説明義務を果たし患者の権利を尊重しているように見える。しかし，医療訴訟が起きていることから医師の免責にすり替わっているという側面について否定できないところである。また，医師が説明を簡略化するケースやまったく省略しているケースについては，論外であるといわなくてはならない。さらには，患者は自己決定を強いられているといえないか。その理由は，多くの場合，説明から同意・不同意の意思表明までに時間的な猶予がない場合が考えられるからである。

■ 注

1) 参考文献［78］の36頁を参照。
2) 参考文献［78］の36頁-37頁を参照。
3) 参考文献［78］の37頁を参照。

第7章 仮説の発見と検証

　本章は，前章に引き続き，アンケート調査の結果を受けてさらに展開するものである。医療経営の根幹であるインフォームド・コンセントに関する仮説を発見し検証することが目的である。また，これからのインフォームド・コンセントを展望するものである。

7.1 インフォームド・コンセントについての仮説

　「病院マネジメント」，「医師本人の志向」，「患者との関係」の各領域と「インフォームド・コンセントと医療成果」領域に関する相関関係を検討するために，以下の分析を行ってきたところである。第6章において，まずは回答者のプロフィールをまとめた。また，調査回答データについては単純集計分析，及びクロス集計分析を行い，属性別，回答グループ別の差異を確認した。そして，相関係数を算出し，各質問項目が有意に相関しているかどうかについて確認した。さらには，χ^2乗検定により，統計的な差の有意性を検証した。その結果，「患者の自己決定の可能性」が，「病気の治癒効果」，ならびに「患者の人生や幸せへの影響度」と正の相関がみとめられたことから2つの仮説を発見するに至ったものである。[1]

　本調査を通じて発見されたインフォームド・コンセントについての仮説は，以下の通りである。なお，医師の考えについての仮説である。第1の仮説は，「患者の自己決定は可能だと考える方が，インフォームド・コンセントを行うことで病気の治癒に有効に作用すると考える。すなわち，患者の自己決定が可能だと考える場合は，インフォームド・コンセントの病気の治癒に対する影響力は強まると考える」である。第2の仮説は，「患者の自己決定は可能だ

と考える方が，インフォームド・コンセントを行うことで患者の人生や幸せにプラスの影響力を及ぼすと考える。すなわち，患者の自己決定が可能だと考える場合は，インフォームド・コンセントを行うことで患者の人生や幸せに対する影響力は強まると考える」である。あらためてまとめてみると，以下の通りである。

> 仮説1：患者の自己決定が可能だと考える方が，インフォームド・コンセントを行うことで病気の治癒に有効に作用すると考える。
>
> 仮説2：患者の自己決定が可能だと考える方が，インフォームド・コンセントを行うことで患者の人生や幸せにプラスの影響力を及ぼすと考える。

7.2 仮説の補足説明

仮説について分析したところ，以下のように各グループの特性とグループを分ける決定要因についてそれぞれ明らかになった。

(1) グループの特性に関する結果について

患者の自己決定が可能と考える医師グループと不可能と考える医師グループでは，それぞれどのような特性があるのか。「患者の自己決定の可能性」の志向別クロス集計分析を行うことで明らかにした。顕著な差を示した特徴的な項目については資料22のように明らかにしたところである。なお，表の中の（ ）内の数値はnの実数を表し，下線については患者の自己決定が可能と考える医師の人数，または患者の自己決定が不可能と考える医師の人数に対して，それぞれ比較的に高い割合を示すものである。

(2) グループを分ける決定要因に関する結果について

　上記のクロス集計分析結果から，「患者の自己決定が可能と考える医師のグループ」と「患者の自己決定が不可能と考える医師のグループ」とを分けているいくつかの要因が明らかになったところである。中でも与えている影響が大きい要因は何か，について明らかにするため，クロス集計分析で顕著な差が出た項目を含む，下記の8項目を説明変数として判別分析を行った。

　判別分析では2群の判別のために，説明変数に重みをつけ線形判別関数を導出して，各個体がどの群に属するか，について分析したものである。分析した結果，資料23にあるように有意性は十分とはいえないが（判別関数の有意性の検定：P値0.147），最も影響が大きい変数は「インフォームド・コンセントの考え方に賛同しているか否か」であることが明らかになったところである（判別係数²⁾は，有意水準95%で有意）。

問2	病院全体でのインフォームド・コンセントの実践度合いについて
問3	病院全体でのインフォームド・コンセントを実施するための時間的余裕について
問5	インフォームド・コンセントの考え方への賛否について
問9	患者から医療情報の開示請求があった場合の対応について
問11	ホスピタリティの実践度合いについて
問26	インフォームド・コンセントを実施する際の患者との共感性や一体感の重視度について
問27	診察時から患者と信頼関係を築くことの重視度合いについて
問28	医師と患者の望ましい関係について

7.3　仮説の検証

　これまでの検討から，いくつかの項目が医師としてのインフォームド・コンセントに対する意識と関係していることがわかったところである。複数の相関

関係にある項目が複雑に関与していることから，まずは主成分分析を実施した。

(1) 主成分分析の結果について

本章で明らかになった2つの仮説の，仮説たりうる根拠を検証するために，医療成果に影響を与える要因は何であるかについて主成分分析を実施した。医療成果に影響を与える要因のうち，「病院全体のマネジメントに関する項目」「医師の志向に関する項目」「医師と患者との関係性に関する項目」の中で，主成分分析に適用可能な尺度変数で，「問9　患者からの開示請求時の応対」を除いた以下の13項目を用いて分析した。

このときのスクリープロットは，資料24の通りである。固有値が1を超える主成分が5つ抽出され，累積寄与率は63.6%であった。

Ⅰ　病院マネジメントに関する調査項目
　問1　インフォームド・コンセントの組織的な理解
　問2　病院全体でのインフォームド・コンセントの実践度合い
　問3　病院全体でのインフォームド・コンセントを実施する時間的余裕
　問4　医療従事者間の意思疎通
Ⅱ　医師の志向に関する調査項目
　問5　インフォームド・コンセントの考え方への賛否
　問12　医療に対する確信度
　問16　患者に不都合なことの説明
　問19　患者の自己決定の可能性
Ⅲ　患者との関係性に関する調査項目
　問23　患者のあたたかい受け入れ
　問24　患者との友好的な応対
　問25　寛大な態度での応対
　問26　インフォームド・コンセントを実施する際の患者との共感性や一体感の重視度
　問27　診察時から患者と信頼関係を築くことの重視度合い

次に計算された主成分負荷量から各主成分の解釈を行った（資料25）。各主成分については，主成分負荷量の絶対値が0.5以上の値を選択し解釈した。

　第1主成分では，主成分負荷量が大きい項目は，「患者のあたたかい受け入れ」「患者との友好的な応対」「寛大な態度での応対」「患者との共感性の重視」「患者との信頼関係の重視」といった患者とのコミュニケーションに関する項目で構成されており，『ホスピタリティ価値の重視』と解釈できる。

　第2主成分は，「インフォームド・コンセントの組織的な理解」「インフォームド・コンセントの実践度」「医療従事者間の意思疎通」の主成分負荷量が大きくなっていることから，『病院全体のサービス価値の重視』と解釈できる。

　第3主成分は，「インフォームド・コンセントの考え方への賛否」「患者の自己決定の可能性」の主成分負荷量が大きくなっている。インフォームド・コンセントが患者の自己決定を支援する概念そのものであることから，『患者の自己決定を促す志向』と解釈できる。

　第4主成分は，「インフォームド・コンセントの時間的な余裕」「医療に対する確信度」の主成分負荷量が大きくなっており，『医療現場における余裕』として解釈できる。

　第5主成分は，「患者に不都合なことの説明」の主成分負荷量が大きくなっており，『医師としての信念・確信』と解釈できる。

　主成分分析で抽出された主成分の解釈をまとめると，下記の通りである。

第1主成分：ホスピタリティ価値の重視
第2主成分：病院全体のサービス価値の重視
第3主成分：患者の自己決定を促す志向
第4主成分：医療現場における余裕
第5主成分：医師としての信念・確信

---

(2) 分散分析と多重比較検定の結果について

　主成分分析によって主成分のうち，医師個人の性質を示す第1主成分「ホ

スピタリティ価値の重視」と第3主成分「患者の自己決定を促す志向」に着目した。主成分負荷量に基づく主成分得点を医師ごとに算出して、2つの主成分得点の正負の組み合わせにより、医師を4グループに分類した（表7-1）。

表7-1 主成分得点によるグループ分類

グループ	主成分得点の正負の組み合わせ
[＋ ＋] グループ1	第1主成分が＋，第3主成分が＋のグループ
[＋ －] グループ2	第1主成分が＋，第3主成分が－のグループ
[－ ＋] グループ3	第1主成分が－，第3主成分が＋のグループ
[－ －] グループ4	第1主成分が－，第3主成分が－のグループ

　2グループ間において医療に関する成果である「問29　インフォームド・コンセントによる病気の治癒効果」と「問30　インフォームド・コンセントの患者の人生への影響度」に関して統計的有意差があるか，一次元配置の分散分析（ANOVA）を行った。すなわち，医師の志向性（ホスピタリティ価値を重視する志向と患者の自己決定を促す志向）の影響はどうか，医療成果との関係について検証した。その結果については，下記の通りである。

①医療成果：インフォームド・コンセントによる病気の治癒効果について
　4つのグループの基本統計量で，平均値についてグループ1が最高，グループ4が最低を示した（資料26）。比較されるグループの平均値の間のどこかに有意差があれば，P値は0.05より小さい。3グループ以上を同時に比較するため，一次元配置の分散分析（ANOVA）を実施したところ，P値は0.0126であった（資料27）。
　有意差があり分布に不均衡が認められることから，またどのグループが有意に異なるのかについては特定できないため，Tukeyの多重比較検定を行った。分析した結果，グループ1がグループ4に対して有意に高い結果になった（資料28）。したがって，下記の通り，医師は考えていることが明らかになったところである。

> インフォームド・コンセントを行う際には，ホスピタリティ価値を重視し患者の自己決定を促す方が，病気の治癒効果に有効に作用する。

②医療成果：インフォームド・コンセントによる人生への影響度について

　4つのグループの基本統計量で，平均値についてグループ1が最高，グループ4が最低を示した（資料29）。3グループ以上を同時に比較するため，一次元配置の分散分析（ANOVA）を実施したところ，P値は0.0087であった（資料30）。すなわち，P値が0.05より小さいことから，比較されるグループの平均値の間のどこかに有意差があることを示すものである。

　有意差があり分布に不均衡が認められることから，またどのグループが有意に異なるのかについては特定できないため，Tukeyの多重比較検定を行った。分析した結果，グループ1がグループ4に対して有意に高い結果になった（資料31）。したがって，下記の通り，医師は考えていることが明らかになったのである。

> インフォームド・コンセントを行う際には，ホスピタリティ価値を重視し患者の自己決定を促す方が，患者の人生や幸せにプラスの影響力を及ぼす。

7.4　考察

(1)　仮説の補足説明に関する考察

　患者の自己決定が可能と考える医師グループと不可能と考える医師グループでは，それぞれどのような特性があるのか。「患者の自己決定の可能性」の志向別クロス集計分析を行った結果，各グループの特性は以下の通りである。

①患者の自己決定が可能と考える医師グループの特性について

　資料22の分析結果から「患者の自己決定が可能と考える医師のグループ」については，以下の特性が見受けられた。すなわち，医師と患者とが共感，一体感，信頼感で結ばれつつ，医師として様々な情報，及び選択肢を患者に提供し，患者に対して理解力を求め，患者自らが自己決定することを志向しているといえる。いわば，サービス価値をふまえてホスピタリティ価値に重点があるものと考えられる。

1）医師本人の志向としては，下記のa)からe)までの特性が見受けられる。
　a）インフォームド・コンセントの考え方に対し，「大いに賛同する」ものである。
　b）患者から医療情報の開示請求があった場合，「積極的に応じる」と回答している。
　c）患者に説明する際に，「代替可能な治療方法の内容，目的，必要性，根拠，効果」を重視している。
　d）インフォームド・コンセントを実施する場合の準備として，「患者の希望や気持ち・考えを理解」としている。
　e）患者への要望としては，「担当医師の説明内容についての理解力・受け止める力」を挙げている。
2）患者との関係性については，下記のa)とb)の特性があるといえる。
　a）患者との共感性や一体感については，「大いに重視している」傾向が見受けられる。
　b）医師と患者の望ましい関係は，「医師が説明したうえで患者自らが治療方法等を決定するように促す関係」とする医師が比較して多いといえる。

②患者の自己決定が不可能と考える医師グループの特性について

　一方，「患者の自己決定が不可能と考える医師のグループ」の特性としては，以下の通りである。すなわち，患者の自己決定が不可能と考える医師は，治療に際して予測されるリスク・副作用や後遺症などの説明責任を重視する傾向が強く，医師は提供する側，患者はそれを受けとる側であるとする機能的

な関係を志向する傾向が強いことがわかったところである。

1）医師本人の志向としては，下記のa）からc）までの特性が見受けられる。
　a）ホスピタリティ用語の認知状況として，「知っているが，意味については理解していない」とする医師が比較的に多い。
　b）患者に説明する際に，「検査の目的と内容」，「治療に際して予測されるリスク・副作用」，「予測される後遺症」を重視している。
　c）インフォームド・コンセントの考え方を実践する上での患者への要望としては，「予想されるリスクに対しての理解」を挙げている。
2）患者との関係性については，下記のa）の特性がある。
　a）医師と患者の望ましい関係は，「医師は医療技術等を提供し，患者はそれを受けとる立場という機能的な関係」が特性であるといえる。

　仮説をさらに説明するために行った「患者の自己決定の可能性」の志向別クロス集計分析（資料22）から考えられることは次の通りである。「患者の自己決定が不可能と考える医師グループ」の方が「患者の自己決定が可能と考える医師グループ」と比較して，インフォームド・コンセントの場やプロセスを義務的で防衛的に捉えているといえるかもしれない。また，「患者の自己決定が可能と考える医師グループ」は，患者の希望や気持ち・考えに寄り添い，インフォームド・コンセントを病気の治癒，ならびに患者の人生や幸せに対して有効で影響力のある場として捉えようとしていることが考えられる。

(2) 仮説の検証結果に関する考察

　主成分分析，また一次元配置の分散分析（ANOVA）とTukeyの多重比較検定の結果によって，医師の2つの志向性が医療成果に影響があると評価された。すなわち「ホスピタリティ価値を重視する志向」と「患者の自己決定を促す志向」は，医療成果（病気の治癒と患者の人生や幸せ）にプラスの影響があると評価されたのである。したがって，下記の2つの仮説は支持された。言い換えるならば，医師は2つの志向性がインフォームド・コンセントにとっ

て重要な要素であり，医療成果と関係があると考えていることがわかったところである。また同時に，医師間に認識のばらつきがあり，そのことが患者に対する説明方法などに大きく影響していることがわかったことである。

　第1の仮説は，「患者の自己決定が可能だと考える方が，インフォームド・コンセントを行うことで病気の治癒効果に有効に作用すると考える」である。また，第2の仮説は「患者の自己決定が可能だと考える方が，インフォームド・コンセントを行うことで患者の人生や幸せ（QOL）にプラスの影響を及ぼすと考える」である。

　第1主成分「ホスピタリティ価値の重視」と第3主成分「患者の自己決定を促す志向」が共にプラスの医師グループ［＋　＋］と2成分が共にマイナスの医師グループ［－　－］の間では，「問29　インフォームド・コンセントによる病気の治癒効果」と「問30　インフォームド・コンセントの患者の人生や幸せへの影響度」に関して有意差がみられた。医師の志向性がいずれも肯定的なグループといずれも否定的なグループとの間に有意差があったのである。すなわち，ホスピタリティ価値を重視する志向と患者の自己決定を促す志向の組み合わせでインフォームド・コンセントを行えば，病気の治癒効果にプラスの影響があることがわかったところである。また，患者の人生や幸せへの影響度にプラスの影響があると評価されたのである。

　患者の自己決定が可能と考える医師グループの特性を分析することで，患者の自己決定を促す志向とホスピタリティ価値の関係が明らかになった。さらには，一次元配置の分散分析（ANOVA）とTukeyの多重比較検定によって，医師の志向性がグループ1とグループ4との間に有意差があり，医師の2つの志向性（ホスピタリティ価値を重視する志向と患者の自己決定を促す志向）が医療成果（病気の治癒と患者の人生や幸せ）と関係があることがわかったのである。

　今回の検証過程で最も特筆すべきことは，当初，仮説には表現していなかった「ホスピタリティ価値を重視する志向性」が含まれていたことである。このことは，本調査研究の最大の収穫であった。

　今後，インフォームド・コンセントの実践場面において，特に留意しなければならないことは何であろうか。サービス価値をふまえたホスピタリティ

価値の共創である。すなわち，インフォームド・コンセントは一方向的で効率性を意図するサービス価値のアプローチからだけでは説明することができない。上記した分析結果からいえることは，ホスピタリティ価値に重点シフトすることが求められている点である。そのためには，医療従事者にはホスピタリティ価値を創造する局面において患者との関係形成に意を用いることが求められている点である。いわば，医療の標準化をふまえた患者の個別化やオーダーメイド化への適応である。また，それらはホスピタリティマネジメントの目的の1つである患者の主観的な評価価値の最大化を意図するものである。多くの医療従事者が主にサービス価値の中で働いてきたことを考えると，容易なことではないであろう。その理由は，医療側の責任（過失）として追及される内容のほとんどはサービス価値の要因ではあるが，医療事故が発生した際に係争となるかどうかのきっかけはホスピタリティ価値の要因であることが多いからである。逆をいえば，医師がホスピタリティ価値の局面を重視するようになれば，医療成果（病気の治癒と患者の人生や幸せ）にプラスの影響があるとともに，医療訴訟の件数は減少することが考えられるのである。すなわち，ホスピタリティ価値を重視したインフォームド・コンセントを実施することによって患者側の心理的な同意・承諾，また自己決定感が高くなることが考えられるのである。なぜならば，ホスピタリティ価値を重視することによって患者側の不安感を安心感に変えることができるからである。そして，このことによって医療従事者の負担は軽減されることが考えられる。さらには，患者のアドヒアランス（Adherence）を向上させ，医師自らの自己効力感が高まることが考えられるであろう。医療従事者が心を働かせ頭脳を駆使することで能力発揮を最大化できる可能性についても高まることが考えられる。このことは，ホスピタリティマネジメントのもう1つの目的である。しかし，医師側にホスピタリティ価値についての明確な認識がないと，医療訴訟にまで発展するといえるのである。

　患者側がホスピタリティ価値の共創にかかわり自己決定することが前進すれば，医師は患者のリソース（Resource）を活用することが可能となる。そのことに伴って医療成果（病気の治癒効果と患者の人生や幸せ）にプラスの影響をもたらすことが可能になるのである。いわゆるインフォームド・コン

セントの理念の実現に近づくことが考えられるところである。

　サービス価値は競合する病院がすでに行っている，もしくはタイムラグを伴って同様の内容で行うようになることが一般的である。その上にサービス価値が義務的で機械的に提供されているとしたら，患者は自らが満足するどころか，怒りの感情をあらわにして敵意（Hostility）に基づいた敵対的な行為に及ぶことになる。したがって，サービス価値を提供することはホスピタリティ価値の前提であると位置づけることができるのである。また同時に，サービスは一方向的な理解に基づく働きかけであって，決められたことを決められたように行うこと，また自らが決めたことを決めたように行い続けることが基本である。それゆえ，ケアとは反対の，形式的で心からの行為とはならない傾向に陥る危険性をも内包しているのである。これが，インフォームド・コンセントを実施する際に，医療経営の土台として「礼儀」「節度」「態度」「物腰」「言葉遣い」「ルール・約束事」「ポリシー」等の人間価値が求められる所以である。医療従事者がこの人間価値を発現することができるならば，サービス価値を提供する際に陥りやすい機械的な対応は緩和されるのである。

　患者がサービス価値の要因において医師と同じレベルで病気に関する専門的な知識を有することは難しい。医師のパターナリズム（Paternalism）[3]の意識，ならびに患者の医師任せの意識があることも否定できない事実である。本書によって，患者が罹患している病気に関する情報収集，ならびに治療法等に関する患者の自己決定が，病気の治癒を求める患者にとってプラスに作用すると考えられていることが明らかになった。このことは，医師ばかりではなく患者の視点からも最大の関心事であって，極めて合理性が高いといえる。また，サービス価値の局面においては医師と患者の間に情報の非対称性があるので，医師自らがイニシアティブをとり患者に対して交流を働きかけることが現実的である。そして，情報の非対象性を解消するためにわかりやすく説明する努力が必要である。場合によってはインフォームド・コンセントについては複数回に分けて行うことが考えられよう。

　主成分分析の結果として，第1主成分に類別したホスピタリティ価値を重視する医師は，患者のあたたかい受け入れ（0.54），患者への友好的な対応（0.65），寛大な態度での応対（0.71），患者との共感性の重視（0.75），患者との信頼関

係の重視（0.64）等の態度が如実に表れている（資料25）。なお，（　）内の値は主成分負荷量である。医師が患者との関係形成を進めることによって，医師は患者の能力をホスピタリティ価値の創造に動員できる可能性が高まるであろう。すなわち，患者の病状が悪化する前に適切に治療を行える可能性が高まるのである。このように医師と患者の相互関係が形成される中で，医師と患者双方による判断の質と意思決定の質は高まっていくものといえる。また，患者のアドヒアランス等の向上に伴い，医師自らの自己効力感が高まり，サービス価値の局面における医療側の過失を減少させることに寄与することが考えられる。すなわち，医師は，患者と共にホスピタリティ価値を共創できる可能性が大いに高まるのである。これによって，医療従事者の負担が軽減されることが考えられるのである。

　本研究で明らかになったように，患者の自己決定は不可能と考える医師はサービス価値に立脚しており，ホスピタリティ価値の重視については反対意見を述べることが考えられる。本書は，今後のインフォームド・コンセントについてはホスピタリティ価値の局面で行うことを提言するものである。本研究によって，医師は患者の自己決定がホスピタリティ価値の局面でこそ効果的に行われると考えていることがわかったところである。また同時に，医師間の認識には大きなばらつきがあり，そのことが患者に対する説明の仕方などに大きく影響していることが明らかになったものである。

　ホスピタリティ価値を重視する取り組みによって，［患者＋医療従事者］対［病気］という構図が生まれることになるであろう。最終的には，患者自身が医師の専門性を活用しながら複数ある選択肢の中から最も適した選択を行うことが可能になるであろう。まさにインフォームド・コンセントのあるべき姿に近づくといえるのである。これは，Hospitalとしてホスピタリティを実践することにつながるものである。また，上記したことによって医療費が減少する可能性についても高まることが考えられるところである。このように考えてくると，医師と患者が潜在的に有している能力を発揮することによって医師の偏在によるゆがみについても是正される可能性が高まるかもしれない。

■ 注

1) 重回帰分析の中の標準偏回帰係数 β から評価すると，「医師本人の志向」領域の設問の中で，「診療に関する患者の自己決定の可能性」の「インフォームド・コンセントによる治癒効果」，ならびに「インフォームド・コンセントによる患者の人生への影響度」への寄与については，下記の2つの表にある通り，比較的大きいことがわかった。

医師本人の志向とインフォームド・コンセントによる病気の治癒効果の重回帰分析

	標準偏回帰係数 β
ICの考え方への賛否	0.13
今後の医療のあるべき姿に関する確信度	0.08
患者に対する情報開示度	-0.06
診療に関する患者の自己決定の可能性	0.19*
決定係数 R^2	0.08**

有意水準 *$p<0.05$, **$p<0.01$

医師本人の志向と患者の人生への影響度の重回帰分析

	標準偏回帰係数 β
ICの考え方への賛否	0.14
今後の医療のあるべき姿に関する確信度	0.04
患者に対する情報開示度	0.03
診療に関する患者の自己決定の可能性	0.19*
決定係数 R^2	0.08**

有意水準 *$p<0.05$, **$p<0.01$

2) 判別係数は，各説明変数が目的変数に及ぼす影響の大きさを示すものである。
3) パターナリズム（Paternalism）は，情報の非対称性に起因している父権主義とも表現される。「豊かな知識をもつ父親（医師・医療者）が，子ども（患者）に関する様々な意思決定を本人に代わり実行したほうがよいという考え方」である（飯田修平・飯塚悦功・棟近雅彦監修（2005）『医療の質用語事典』日本規格協会の48頁を引用し適用したものである）。

第8章 医療経営の今後へ向けて

　本書では，インフォームド・コンセントを医療経営の根幹として捉えた。ひとまず本章で終えることとする。そして，今後とも研究を継続するものである。ここに，本書のまとめと今後の課題について明らかにしておきたい。

8.1 まとめ

　本研究においてわかったことは，以下の3点である。第1は，インフォームド・コンセントはサービス概念（ルーツはエトルリア語から派生したラテン語のServus）とは相容れない概念であることがわかった。また，インフォームド・コンセントの概念はホスピタリティ概念（ルーツはラテン語のHospes）とは適合関係にあることがわかったところである。第2は，第6章と第7章で検討してきたようにアンケート調査から2つの仮説を発見し検証したことである。医師は2つの志向性（「ホスピタリティ価値を重視する志向」と「患者の自己決定を促す志向」）が医療成果と関係があると考えていることが明らかになったことである。第3は，ホスピタリティ価値に着目することで，いろいろな可能性が広がっていくことを認識し期待することができたことである。患者がホスピタリティ価値の創造に参加して得られる諸効果についても明らかにしていきたいところである。今後の展望としては本研究を手掛かりにして理論的かつ現実的に方向づけることが緊要であると考えるものである。また，柔軟的に研究を継続していきたいと考えるものである。

　本研究において，これまでサービス概念やホスピタリティ概念を適用した研究がなかったことを考えると，本研究は日本におけるインフォームド・コンセントに対して一定の貢献を行うことができたといえよう。ただし，その

一方で，本研究はいくつかの限界を抱えていることも事実である。第1は，アンケート調査において勤務医を母集団とするには限定的に取り上げられていることが考えられる。また，仮説については支持されたが，それは仮説が否定される確率が低いという点である。第2は，インフォームド・コンセントと医療経営との関係や病院マネジメントとの関係について未だ意味のある関係として捉えることができなかったことである。第3は，ホスピタリティとの関係についても理論的な観点から再解釈することはできたが，ホスピタリティ価値を重視するとは具体的にどのようにアプローチするのか，など問題解決するまでには至っていないことである。これらの点を明らかにするためにも，さらにインフォームド・コンセントを実践面で具現化するための研究が必要である。

8.2　今後の課題

第1主成分「ホスピタリティ価値の重視」はマイナスであるが第3主成分「患者の自己決定を促す志向」がプラスの医師グループ［− ＋］と，2成分が共にマイナスの医師グループ［− −］の間においても，「問29　インフォームド・コンセントによる病気の治癒効果」と「問30　インフォームド・コンセントの患者の人生への影響度」に関して有意差がみられた。グループ3とグループ4の間について有意差があったが，グループ3［− ＋］の内容については，実態に即して解明することが必要である。

上記をふまえて，今後，次の7点について継続的に研究する必要があり，筆者の専門であるホスピタリティマネジメントの視点から明らかにしていきたいと考えるものである。

(1)　患者満足を補強するマネジメントの研究

患者満足論を補強する理論の開発が必要である。満足とは患者の期待を基準にして，「欠乏」「不足」「必要」「不備」「不利」「不便」「不自由」「不透明」「不明瞭」「不満」「不平」などを満たすことによって得られる感情のことである。

明らかに,「安心」「歓喜」「驚嘆」「魅了」「堪能」「感激」「感動」「感涙」「感銘」といった感情とは区別しておく必要がある。病院においてそれらの感情を醸成するためのマネジメントとは何か。この問いに解を導き出す必要がある。

(2) 患者の主観的な評価価値に関する研究

　ホスピタリティ価値を重視するとはどのように捉えればよいのか。ホスピタリティ価値の特徴は,「双方向的」「相互補完的」「個別的」「配慮的」であった。ということは,「待ちの医療」から「働きかける医療」へ変わることを意味している。どこで, いつ, どのように医療提供を受けたいのか, について患者や家族の意向や考えを尋ねることがより重要になる。まさに地域包括ケアの体制づくりをしていくために欠かせない発想への転換である。これからは, より働きかける医療について考え研究していかなければならない。例えば, 痛みについては尋ねるだけではなく, 痛みに関する客観的な指標をつくり患者に申告させることも必要である。そうしてはじめて, 患者の主観的な評価価値を把握し最大化することができるのである。

(3) 相乗効果向上のためのマネジメントの研究

　医師と患者が互いに力を出し合い, 相乗効果を高めるためのマネジメントのあり方について研究する必要がある。医師も患者も互いに共通の目的に近づくために, 双方が自らの力を出し合い, 互いに働きかけあう関係が望ましい。次の段階は, 互いの働きかけで 1×1 が10にも20にもなることを目指し, どのようなマネジメントをすればよいのか, 解明する必要があると考えるものである。患者の視点からすると, 後遺障害のない人生, そのためにどのような治療方法を選択すればよいのか, を考えたいところである。患者の主観的な評価価値を重視する医師を養成するにはどのようなカリキュラムにしたらよいのか。地域包括ケアの体制を構築する中, 患者のナラティブ情報をわかろうとする医師を養成することも今後の課題である。それは, 関係者の相乗効果を高めるマネジメントにするためである。

(4) 自律性の研究

　情報の非対称性を持ち出して，もともと医師と患者は対等な関係にはなりえないと考えている研究者は少なからずいる。しかし，真にそう理解し今後とも医師と患者の関係が機能的な関係や主従（上下）関係のままでよいのであろうか。答えは，否である。病（Sickness），疾病（Disease），病気（Illness）にかかわらず，治療と治癒（Curing）のみの働きかけでは事態は変わらない。むしろ，病院機能が病気の予防，及び健康の維持と増進に力点を移すようになれば，医師と患者の関係が変わるかもしれない。また，医師本人も患者と同様に人間として，予防医学に立脚し健康の維持と増進を進めていくことが欠かせないといえる。病気の治癒や予防を目的にした自律性とは何か。このテーマについて論理的に解を導き出す必要がある。

(5) 人事処遇の体系に関する研究

　人事処遇上の条件面が折り合わないためにモチベーションが高まらないとよく聞くことがある。医療ミスについても，このことが理由であるかのように表現する人もいるぐらいである。何が不満要因なのか。やり甲斐を支える施策は何か。今後，調査し処遇の体系をデザインする必要がある。第5章で論じたサービス価値とホスピタリティ価値では，働く人の能力要件や適性は異なるといえる。その際に，人的資源管理という表現を使用することがあるが，筆者は今後，「人間力マネジメント」と表現することにしたい。なぜならば，人的資源という表現は病院で働く人を業績達成のための道具と捉えかねないからである。また，管理という言葉についてもコントロールの発想が見え隠れしているからである。人間力マネジメントについては，人間はヒューマン，力はリソース，そしてマネジメントとして捉え直し，あらためて「ヒューマン・リソース・マネジメント」とするものである。

(6) 病院機能に関する研究

　上記の(4)で取り上げた病院機能の問い直しが必要である。病院とはどのような存在なのか。「病院は，もともと居心地が良くないところである。」という話はよく聞くところである。在院日数短縮化政策の中，かつて異邦人

(Stranger)を心から受け入れ迎え入れたように，心身ともに疲労した患者に一時の休息を提供する病院が望まれているのではないだろうか。ストレスフルな現代社会において，現状においては快適な時間と空間を提供しているとはいえない。病気の予防と健康の維持・向上を射程内に収めた病院とはどのような機能を備えているのであろうか。また，備えるべきであろうか。住み暮らしにくくなっている現在，「潤い」「安らぎ」「癒し」「憩い」「寛ぎ」「暖かみ」「温もり」「味わい」「和み」「親しみ」「優しさ」「深み」「高み」等を実感できる場として捉えられないであろうか。患者やその家族に慰めと癒しを提供する場としての病院について検討することは価値があるであろう[1]。病院マネジメント改革の方向性に関して明示することが今後の課題である[2]。

(7) 地域包括ケアに関する研究

　高齢社会をどう描くのか。国の政策は，病院から地域へ，また在宅へ舵を切ろうとしている真只中にある。この動きは，特に勤務医の動き方や働き方を変える必要性を意味するものである。患者自身が病院へ訪れることから，患者がいる地域や自宅へ出向くことを余儀なくするものである。すなわち，「患者を待っている姿勢」から「柔軟的に患者のもとに訪ね支える姿勢」への転換を必要とするのである。その際には，勤務医と開業医の連携や交流が必要になるであろう。また，医師と介護士などの多職種連携が必要になる。これには，モデル地区を選定し事例研究を増やすことが期待される。今後，医療従事者は誰にどのように働きかけていけばよいのか。医療従事者の動き方や働き方について研究を進めていくことが課題である。

■注

1) 参考文献［22］21頁-45頁を参照。とくに21頁では，「医学は人間の，「慰めと癒し」の技術であり，学問である。」と述べている。
2) 参考文献［15］を参照。

謝辞

　本書を書き上げるまでには，実に多くの方々からご支援をいただいた。東京医科歯科大学大学院医歯学総合研究科の高瀬浩造教授には，医療に関する知識・情報をはじめとして，アンケート調査票の作成段階からアンケート調査対象の選定に至るまで多くのご助言をいただいた。厚く御礼申し上げたい。また，ご指導いただいた東京医科歯科大学大学院医歯学総合研究科の河原和夫教授，伏見清秀教授，そして吉田雅幸教授に謝意を表するものである。

　東京医科歯科大学大学院医歯学総合研究科医療管理政策学コース（MMA）同期の学友達から得たエネルギーは凄まじかった。苦戦する筆者を励まし応援してくださった久富護，岩瀬敬佑，窪田勝則，高島尚子，佐藤江美子，三浦麗理，菅河真紀子の各氏に感謝したい。また，阪口博政氏には節目節目でご支援いただいた。御礼申し上げたい。

　アンケート調査，ならびにインタヴュー調査については，当初，困難を極めた。お力添えいただいた多くの方々に謝意を表するものである。長嶋秀治氏には，アンケート調査の集計，ならびに分析に関してご助言をいただいた。そして，何度となく議論する過程で，多くの示唆を与えていただいた。心から感謝したい。また，本書の前にTokyo Medical and Dental University Journal of Medical and Dental Sciencesに投稿しアクセプトされた英語論文（第60巻第1号，pp.23-40）があるが，最後まで粘り強く英語表現にお付き合いいただいた前田仮名子氏に心から謝意を表するものである。

　研究を開始した当初から，吉原ゼミナール生の矢崎大貴，長谷部真（以上，第5期生），緒方真美，清野依子（以上，第6期生）の教え子たちにはゼミナール活動とは別に，図表やパワーポイントの作成等，筆者を支えてくれた。教え子に助けられ完成したことに無上の喜びを感じるものである。

　筆者の人生の師でありいつもあたたかく見守ってくださった，故佐々木浩氏には，格別のご厚情を賜り御礼申し上げる次第である。2010年8月24日のことであるが，病院視察のためオーランドへ行く際には，成田空港にいる私を電話で励ましてくださった。今も忘れることができない思い出である。

　いつも変わることなく筆者を応援してくれた父と母に感謝したい。父は筆者

が高校2年生の時に急逝した。また，母は1994年に脳梗塞で倒れ1998年まで病魔と闘った。筆者自身，医療・介護の今後に関して問題意識を持つに至ったものである。そして，数年の研究期間を経て本書を上梓することができた。父と母に感謝するばかりである。

資 料

I　アンケート調査票

II　アンケート調査の結果について
　資料1　患者に説明する項目数（問8）
　資料2　ホスピタリティという言葉について（問10）
　資料3　医師の確信（問12）
　資料4　工夫していること（問14）
　資料5　患者に説明する際に重視することについて（問15）
　資料6　準備していることについて（問17）
　資料7　患者に望むことについて（問18）
　資料8　インフォームド・コンセント実施時の障害について（問20）
　資料9　医師と患者の望ましい関係について（問28）
　資料10　インフォームド・コンセントの効果について（問31）
　資料11　年齢とインフォームド・コンセントの効果との関係について（問29）
　資料12　医療従事者間のコミュニケーションと患者の人生への影響との関係について（問30）
　資料13　医師の志向とインフォームド・コンセントによる病気の治癒効果,及び患者の人生への影響度の相関
　資料14　インフォームド・コンセントの考え方への賛否
　資料15　インフォームド・コンセントの説明義務に対する考え方
　資料16　診療に関する患者の自己決定の可能性
　資料17　医師と患者の望ましい関係について
　資料18　患者に対する働きかけの傾向
　資料19　インフォームド・コンセントの実践に向けた障害点（患者の非協力的な態度）
　資料20　各質問の中の「その他」の記入数
　資料21　自由記入欄への記入分類と記入数
　資料22　「患者の自己決定の可能性」の志向別クロス集計分析
　資料23　患者の自己決定の可能性の志向に関する判別分析
　資料24　主成分分析のスクリープロット

資料25　主成分分析の主成分負荷量
資料26　問29　ICによる治療効果に関する基本統計量
資料27　問29　ICによる治療効果に関する分散分析表
資料28　問29　ICによる治療効果に関する分散分析後の多重比較検定（Tukey）
資料29　問30　ICの患者の人生への影響度に関する基本統計量
資料30　問30　ICの患者の人生への影響度に関する分散分析表
資料31　問30　ICの患者の人生への影響度に関する分散分析後の多重比較検定（Tukey）

Ⅲ　インタヴュー調査の結果について

資料Ⅰ. アンケート調査票

平成20年11月
東京医科歯科大学大学院MMA

インフォームド・コンセントに関する調査 調査票

　向寒の候，ますますご健勝のこととお慶び申し上げます。突然のお願いで恐縮です。本アンケート調査は，「インフォームド・コンセント理論の現実への適用」について研究することを意図して，インフォームド・コンセントの実態を把握することを目的にしています。

　ご回答いただきました内容につきましては，全て数字で統計的に集計・処理し，分析いたします。したがって，研究以外の目的に使用しないこと，及び個人情報等のプライバシーを侵害するようなことはありません。また，今回の調査においてご回答いただいた方，ならびに医療機関にご迷惑をおかけすることはありません。

　お忙しいところ，誠に恐縮ですが，下記の点にご留意のうえ，今回の調査にお力添えくださいますよう，何卒，よろしくお願い申し上げます。

【ご記入に当たってのお願い】

> 1. 各質問に対するご回答は，選択肢の番号（1，2，3・・・）に○印をつけてください。
> 2. 選択肢で「その他」に○印をつける場合，［　　　］内に具体的な事項を記入してください。
> 3. 特に理由がない限り，2008年11月1日現在の状況でご記入ください。
> 4. ご記入いただきました後に，お手数ですが，記入漏れがないかお確かめください。

〈調査票の記入方法等についてのお問い合わせ先〉

　今回のアンケート調査につきまして，何かご不明な点などございましたら，ご面倒をおかけいたしますが，下記までお問い合わせくださいますよう，何卒，よろしくお願いいたします。

〒113-8519　東京都文京区湯島 1 - 5 - 45
東京医科歯科大学大学院医歯学総合研究科医歯科学専攻修士課程
医療管理政策学（MMA）
　　　吉原　敬典［目白大学大学院経営学研究科経営学専攻教授］
　　　　TEL： 03 - 5996 - 3241
　　　　FAX： 03 - 5996 - 3060

　病気を治すことを目的とする急性期医療を対象として，また医師による医療行為について判断することができる「患者」を前提にして，ご回答ください。

インフォームド・コンセントと病院全体の取り組みについてお伺いします。

問1．貴病院においては，インフォームド・コンセントについて組織的な取り組みとして理解が進んでいるとお考えですか。1つだけ番号をお選びください。

1．大いに理解が進んでいる。
2．どちらかといえば理解が進んでいる。
3．どちらともいえない。
4．どちらかといえば理解が進んでいない。
5．まったく理解が進んでいない。

問2．貴病院においては，全体的にインフォームド・コンセントが実践されているとお考えですか。1つだけ番号をお選びください。

1．大いに実践されている。
2．どちらかといえば実践されている。
3．どちらともいえない。
4．どちらかといえば実践されていない。
5．まったく実践されていない。

問3．貴病院においては，インフォームド・コンセントを実施するための，時間的な余裕はありますか。1つだけ番号をお選びください。

1．大いに時間的な余裕がある。
2．どちらかといえば時間的な余裕がある。
3．どちらともいえない。
4．どちらかといえば時間的な余裕がない。

5．まったく時間的な余裕がない。

問4．貴病院においては，インフォームド・コンセントを実施する際に，看護師との医療従事者間のコミュニケーション（意思の疎通）は取れているとお考えですか。1つだけ番号をお選びください。

1．大いにコミュニケーションが取れている。
2．どちらかといえばコミュニケーションが取れている。
3．どちらともいえない。
4．どちらかといえばコミュニケーションが不足している。
5．まったくコミュニケーションが不足している。

インフォームド・コンセントと医師本人の志向についてお伺いします。

問5．あなたは，インフォームド・コンセントの考え方に賛同しますか。1つだけ番号をお選びください。

1．大いに賛同する。
2．どちらかといえば賛同する。　→問7へお進みください
3．どちらともいえない。
4．どちらかといえば賛同しない。　→問6へお進みください
5．まったく賛同しない。

〈問5で3, 4, 5とお答えの方にお伺いします〉
問6．上記の問5において，3と4と5を選んだ場合，その理由は何ですか。主なもの3つ，番号をお選びください。

資料　117

1．患者自身が自己決定することは不可能である。
2．患者自身の知識や情報が不足している。
3．医師が説明しても患者は理解できない。
4．インフォームド・コンセントするだけの時間的な余裕がない。
5．インフォームド・コンセントするだけの心理的な余裕がない。
6．医師が不足している。
7．病院全体で取り組む環境にない。
8．その他［　　　　　　　　　　　　　　　　　　　　　　　　　］

〈全ての方にお伺いします〉
問7．医療においては，説明義務が法的に規定されていますが，あなたはどのようにお考えですか。1つだけ番号をお選びください。

1．法律に関係なく，患者に説明することが当然のことであり必要である。
2．説明することで，患者の納得性が高まり，患者が自ら選択できるから必要である。
3．法律で規定されているので説明せざるをえない。
4．医療紛争になる可能性がある以上，説明することはやむを得ない。
5．説明は，医師としての自己を防衛するうえで必要である。
6．その他［　　　　　　　　　　　　　　　　　　　　　　　　　］

問8．あなたは，患者に説明する項目数についてどのようにお考えですか。1つだけ番号をお選びください。

1．多すぎる。
2．かなり多い。
3．現状のままでよい。
4．どちらかといえば少ないと考える。

5．もっと追加すべきである。

問9．あなたは，患者から医療情報の開示請求があった場合，それに応じますか。
　　　1つだけ番号をお選びください。

1．積極的に応じる。
2．ある程度は応じる。
3．どちらともいえない。
4．どちらかといえば応じない。
5．まったく応じない。

問10．あなたは，病院（ホスピタル）と共通の語源を持つ「ホスピタリティ」という言葉を知っていますか。また，その意味について理解していますか。1つだけ番号をお選びください。

1．知っている。　　　　　　　　　　　　　　｜
2．聞いたことがある。　　　　　　　　　　　｝　問11へお進みください
3．知っているし，意味を理解している。　　　｜
4．知っているが，意味については理解していない。　｜
5．知らない。　　　　　　　　　　　　　　　｝　問12へお進みください
6．聞いたことがない。　　　　　　　　　　　｜
7．わからない。

〈問10で1，2，3とお答えの方にお伺いします〉
問11．問10において，1と2と3のいずれかを選んだ場合，あなたは，病院内において患者に対してホスピタリティを実践していますか。1つだけ番号をお選びください。

1．大いに実践している。
2．どちらかといえば実践している。
3．どちらともいえない。
4．どちらかといえば実践していない。
5．まったく実践していない。
6．わからない。

〈全ての方にお伺いします〉
問12. あなたは，医師としてこれからの医療のあるべき姿，例えば救急医療のあり方等について自らの思いや考えに確信を持っていますか。1つだけ番号をお選びください。

1．大いに確信を持っている。
2．どちらかといえば確信を持っている。
3．どちらともいえない。
4．どちらかといえば確信が持てない。
5．まったく確信が持てない。

問13. インフォームド・コンセントは，通常，誰が主体的に働きかけて実施していますか。1つだけ番号をお選びください。

1．患者が働きかける。
2．患者の家族・近親者が働きかける。
3．担当医師が働きかける。
4．看護師が働きかける。
5．看護師以外のコ・メディカルが働きかける。
6．その他［   ］

問14. あなたは，インフォームド・コンセントを実施する際に，何か工夫していることはありますか。主なもの3つ，番号をお選びください。

1．わかりやすい説明
2．パワーポイント等，患者の視覚に訴える説明
3．冊子の配布
4．患者との位置（椅子に座る位置）
5．患者との距離
6．患者が安心してリラックスできる場の設定
7．話し方
8．顔の表情
9．視線
10．共感的な聴き方
11．患者の希望や気持ち・考えの理解
12．受容的な態度
13．その他 [　　　　　　　　　　　　　　　　　　　　　　　]

問15. あなたは，患者に説明する際に，何を重視しますか。主なもの5つ，番号をお選びください。

1．病名と病状
2．病気の進行
3．検査の目的と内容
4．治療しない，もしくは治療拒否の場合の予後
5．当該患者に最適と考えられる治療方法の目的と内容
6．代替可能な治療方法の内容，目的，必要性，根拠，効果
7．治療に対する患者の納得度
8．治療後に予測される経過・結果
9．治療に際して予測されるリスク・副作用

10. 予測される後遺症
11. 完治率
12. 治療に要する期間
13. リハビリテーションの内容
14. セカンドオピニオンの勧め
15. その他 [   ]

問16. 問14について，あなたは患者にとって都合の悪いことも説明（話し）しますか。1つだけ番号をお選びください。

1．大いに話す。
2．どちらかといえば話す。
3．どちらともいえない。
4．どちらかといえば話さない。
5．まったく話さない。

問17. あなたは，インフォームド・コンセントを実施する場合に，医師としてどのような準備をしていますか。主なもの3つ，番号をお選びください。

1．当該病気に関する専門的な知識・情報
2．現代の医療水準へ向けての研鑽
3．医療技術の内容と水準の研究
4．医師としての信念，価値観
5．患者の希望や気持ち・考えの理解
6．治療方針
7．治療後の処置方針
8．副作用への対応

9. リスク回避策
10. 患者への説明の仕方
11. 法的な側面からの理論武装
12. その他 [　　　　　　　　　　　　　　　　　　　　　　　　　　]

問18. あなたは，インフォームド・コンセントの考え方を実践するうえで，患者に何を望みますか。主なもの3つ，番号をお選びください。

1. 病気についての関心
2. 病気についての知識・情報
3. 病気に立ち向かう姿勢
4. 患者からの病気に関する情報提供
5. 担当医師との信頼関係構築の努力
6. 担当医師への質問力・聴く姿勢
7. 担当医師の説明内容についての理解力・受け止める力
8. 予想されるリスクに対しての理解
9. 医療技術水準についての知識・情報
10. 医師以外の関係者とのコミュニケーション
11. 日常からの身体に対する注意力やケア
12. セカンドオピニオンの活用（複数の医師による診断と説明）
13. その他 [　　　　　　　　　　　　　　　　　　　　　　　　　　]

問19. 診療に関する患者の自己決定は可能だとお考えですか。1つだけ番号をお選びください。

1. 大いに可能である。
2. どちらかといえば可能である。
3. どちらともいえない。

資料　123

4．どちらかといえば不可能に近い。
5．まったく不可能である。

問20. インフォームド・コンセントを実施する際に，何が障害になるとお考えですか。主なもの3つ，番号をお選びください。

1．患者の医師任せの意識
2．患者の病気についての知識・情報の不足
3．患者の非協力的な態度（患者が抱える病気の情報提供など）
4．患者の健康に対しての軽視
5．医師の時間的な余裕のなさ
6．医師の心理的な余裕のなさ
7．医師のパターナリズムの意識
8．病院全体のインフォームド・コンセントに対する取り組みの程度
9．その他［　　　　　　　　　　　　　　　　　　　　　　　　　］

問21. あなたは，インフォームド・コンセントに関する書類の作成についてどのようにお考えですか。1つだけ番号をお選びください。

1．非常に時間がかかり煩雑である。
2．かなりわずらわしい。
3．当然，行うべきであり医師としての使命である。
4．できることなら，書類の作成はない方がよい。
5．今後のことを考えるとやむを得ない。
6．書類の作成はなくすべきである。
7．カルテのみでよいと考える。
8．その他［　　　　　　　　　　　　　　　　　　　　　　　　　］

インフォームド・コンセントと患者の関係についてお伺いします。

問22. あなたは，通常の診察において，患者に対してどのような働きかけの傾向にあるとお考えですか。主なもの2つ，番号をお選びください。

1．説明する（情報提供を行う）傾向
2．評価的な傾向
3．対話を働きかけ促す傾向
4．助言する傾向
5．説教する傾向
6．突き放す傾向
7．患者が依存するように働きかける傾向
8．その他 [   ]

問23. あなたは，インフォームド・コンセントを実施する際に，患者をあたたかく受け入れ迎え入れていますか。1つだけ番号をお選びください。

1．いつもそのようにしている。
2．日によって異なる。
3．患者によって異なる。
4．いつもは難しい。

問24. あなたは，患者とコミュニケーションを取るときに，友好的に接していますか。1つだけ番号をお選びください。

1．大いに友好的に接している。
2．どちらかといえば友好的に接している。
3．どちらともいえない。

4．どちらかといえば友好的ではない。
5．まったく友好的ではない。

問25. あなたは，患者に安心感を与えるように寛大な態度で対応していますか。1つだけ番号をお選びください。

1．大いに寛大に対応している。
2．どちらかといえば寛大に対応している。
3．どちらともいえない。
4．どちらかといえば寛大ではない。
5．まったく寛大ではない。
6．よくわからない。

問26. あなたは，インフォームド・コンセントを実施する際に，患者との共感性や一体感を重視していますか。1つだけ番号をお選びください。

1．大いに重視している。
2．どちらかといえば重視している。
3．どちらともいえない。
4．どちらかといえば重視していない。
5．まったく重視していない。

問27. あなたは，診察時から患者と信頼関係を築くことを重視していますか。1つだけ番号をお選びください。

1．大いに重視している。
2．どちらかといえば重視している。

3．どちらともいえない。
4．どちらかといえば重視していない。
5．まったく重視していない。

問28. 医師と患者はどのような関係が望ましいとお考えですか。1つだけ番号をお選びください。

1．医師は医療技術等を提供し，患者はそれを受けとる立場という機能的な関係
2．医師が主人で患者が従者である主従の関係
3．医師が説明したうえで患者自らが治療方法等を決定するように促す関係
4．医師と患者が共に働きかけあうパートナーとしての関係
5．その他〔   〕

インフォームド・コンセントと医療成果についてお伺いします。

問29. あなたは，インフォームド・コンセントを行うことが病気の治癒に有効であるとお考えですか。1つだけ番号をお選びください。

1．大いに効果があると考える。
2．どちらかといえば効果があると考える。
3．どちらともいえない。
4．どちらかといえば効果がないと考える。
5．まったく効果がないと考える。

問30. あなたは，インフォームド・コンセントが患者の人生や幸せに影響を与えるとお考えですか。1つだけ番号をお選びください。

1．大いに影響を与えると考える。
2．かなり影響を与えると考える。
3．どちらともいえない。
4．そんなに影響を与えないと考える。
5．まったく影響を与えないと考える。

問31. あなたは，インフォームド・コンセントの効果は何であるとお考えですか。主なもの5つまで，番号をお選びください。

1．患者に励まされ勇気をもらう。
2．医師としてのプロフェッショナル意識が高まる。
3．医療技術水準の向上に寄与する。
4．医療全体の進化に貢献する。
5．医師と患者の関係を超えて人間としての交流がある。
6．患者の自己決定を尊重する姿勢が身につく。
7．説明するうえで実証的な姿勢が鍛えられる。
8．医師と患者が相互に理解しあえる。
9．医師として説明責任能力が向上する。
10．病院経営の改善につながっている。
11．病院経営を時間やコスト等の面から圧迫している。
12．その他 [   ]

問32. あなたは，インフォームド・コンセントを実施することで患者数の増加に結びついているとお考えですか。1つだけ番号をお選びください。

1．大いに増えている。
2．かなり増えている。
3．どちらともいえない。
4．かなり減っている。
5．大幅に減っている。

問33. あなたが，1か月あたり診察する全患者数のうち，インフォームド・コンセントの対象になる患者は平均してどのくらいの割合ですか。1つだけ番号をお選びください。

1．90パーセント以上
2．80パーセント以上90パーセント未満
3．70パーセント以上80パーセント未満
4．60パーセント以上70パーセント未満
5．50パーセント以上60パーセント未満
6．40パーセント以上50パーセント未満
7．30パーセント以上40パーセント未満
8．20パーセント以上30パーセント未満
9．10パーセント以上20パーセント未満
10．10パーセント未満

FA)「インフォームド・コンセント」を実施するうえでの問題点や課題等について，何なりとご意見をお聴かせください。よろしくお願いいたします。

以下，該当するところに○印をお付けください。

1．性別 ： 1．男 ， 2．女

2．年齢 ： 1．20歳代　2．30歳代　3．40歳代，　4．50歳代
　　　　　　5．60歳代

3．医師になってからの年数 ： 1．5年未満，
　　　　　　　　　　　　　　2．5年以上～10年未満
　　　　　　　　　　　　　　3．10年以上～15年未満
　　　　　　　　　　　　　　4．15年以上～20年未満
　　　　　　　　　　　　　　5．20年以上

4．所属診療科 ： 1．内科，2．心療内科，3．消化器内科，4．循環器内科，5．糖尿病内科，6．老年病内科，7．膠原病・リウマチ内科，8．血液内科，9．呼吸器内科，

10. 腎臓内科，11. 脳神経内科，12. 外科，13. 整形外科，14. 脳神経外科，15. 心臓血管外科，16. 形成・美容外科，17. 産婦人科，18. 泌尿器科，19. 小児科，20. 耳鼻咽喉科，21. 皮膚科，22. 眼科，23. 歯科，24. 麻酔科，25. その他 [　　　　　　　　　　]

5．病　床　数　：　1．20床以上〜200床未満
　　　　　　　　　2．200床以上〜500床未満
　　　　　　　　　3．500床以上〜700床未満
　　　　　　　　　4．700床以上〜900床未満
　　　　　　　　　5．900床以上

6．病院職員数　：　1．50人未満
　　　　　　　　　2．50人以上〜100人未満
　　　　　　　　　3．100人以上〜200人未満
　　　　　　　　　4．200人以上〜300人未満
　　　　　　　　　5．300人以上〜400人未満
　　　　　　　　　6．400人以上〜500人未満
　　　　　　　　　7．500人以上

質問は，以上です。お力添えいただきまして，誠にありがとうございます。

〒13-8519　東京都文京区湯島1－5－45
東京医科歯科大学大学院医歯学総合研究科医歯科学専攻修士課程
医療管理政策学（MMA）
　　　吉原　敬典（目白大学大学院経営学研究科経営学専攻教授）
　　　　　　TEL　：　03－5996－3241
　　　　　　FAX　：　03－5996－3060
　　　　　　E-mail　：　keisukeyoshi@mejiro.ac.jp

資料Ⅱ．アンケート調査の結果について

資料1．患者に説明する項目数（問8）

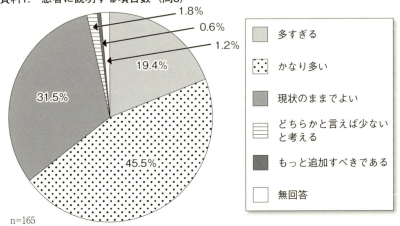

資料2．ホスピタリティという言葉について（問10）

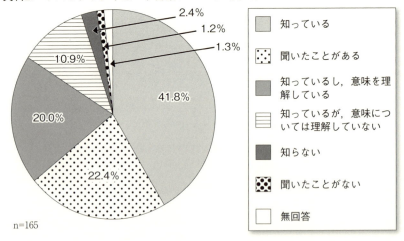

資料3. 医師の確信（問12）

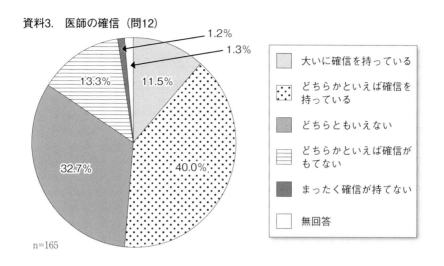

資料4. 工夫していること（問14）

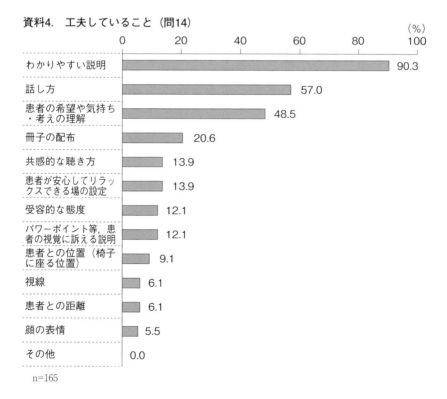

資料5. 患者に説明する際に重視することについて（問15）

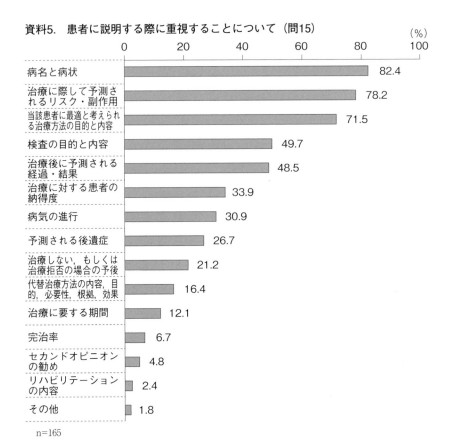

n=165

資料6. 準備していることについて（問17）

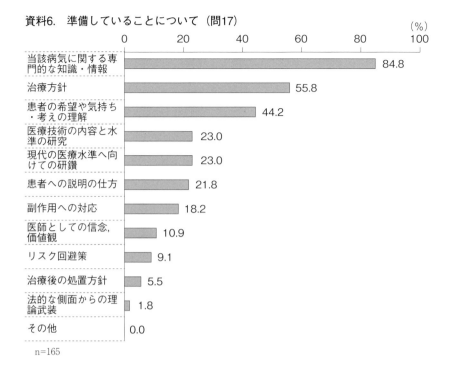

n=165

資料7. 患者に望むことについて（問18）

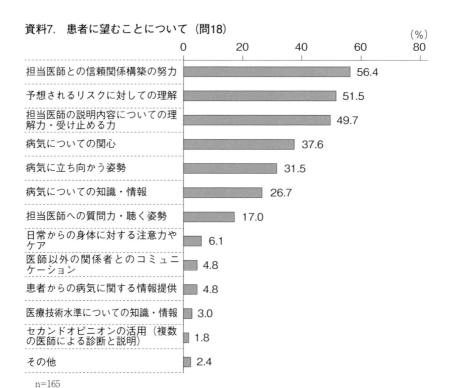

n=165

資料8. インフォームド・コンセント実施時の障害について（問20）

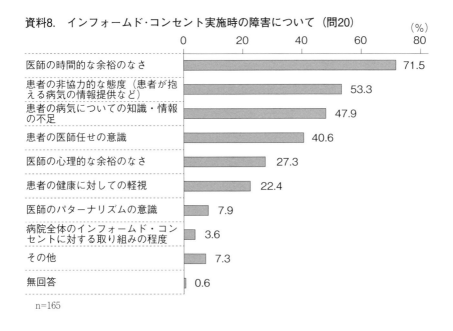

項目	(%)
医師の時間的な余裕のなさ	71.5
患者の非協力的な態度（患者が抱える病気の情報提供など）	53.3
患者の病気についての知識・情報の不足	47.9
患者の医師任せの意識	40.6
医師の心理的な余裕のなさ	27.3
患者の健康に対しての軽視	22.4
医師のパターナリズムの意識	7.9
病院全体のインフォームド・コンセントに対する取り組みの程度	3.6
その他	7.3
無回答	0.6

n=165

資料9. 医師と患者の望ましい関係（問28）

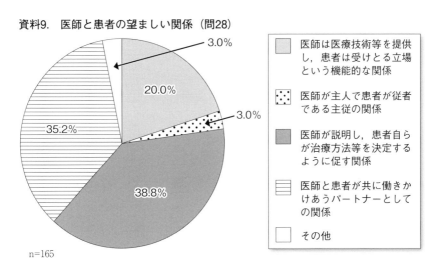

- 医師は医療技術等を提供し，患者は受けとる立場という機能的な関係: 20.0%
- 医師が主人で患者が従者である主従の関係: 3.0%
- 医師が説明し，患者自らが治療方法等を決定するように促す関係: 38.8%
- 医師と患者が共に働きかけあうパートナーとしての関係: 35.2%
- その他: 3.0%

n=165

資料10. インフォームド・コンセントの効果について（問31）

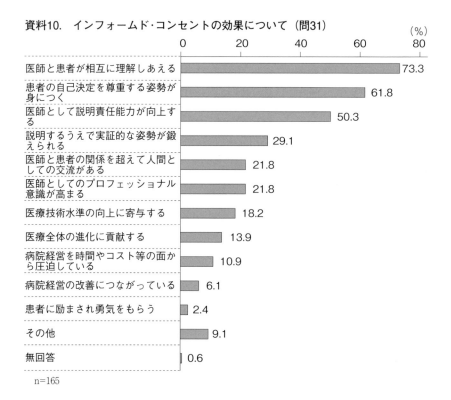

n=165

資料11. 年齢とインフォームド・コンセントの効果との関係について（問29）

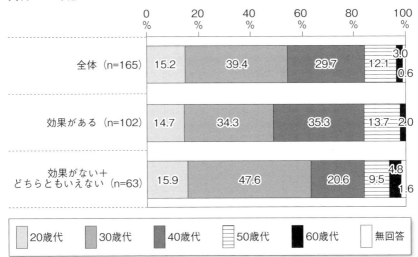

資料12. 医療従事者間のコミュニケーションと患者の人生への影響との関係について（問30）

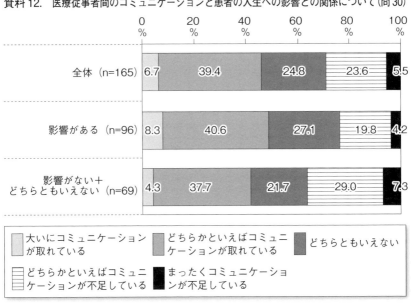

資料13. 医師の志向とインフォームド・コンセントによる病気の治癒効果，及び患者の人生への影響度の相関

	ICによる病気の治癒効果	ICによる患者の人生への影響度
ICの考え方への賛否	0.20**	0.22**
今後の医療のあるべき姿に関する確信度	0.08	0.05
患者に対する情報開示度	-0.07	0.02
診療に関する患者の自己決定の可能性	0.24**	0.24**

有意水準 **$p<0.01$

資料14. インフォームド・コンセントの考え方への賛否

		ICの効果（患者の自己決定を尊重する姿勢が身につく）		
		合計	効果がある	効果がない
ICの考え方への賛否	合計	165 100.0%	102 100.0%	63 100.0%
	大いに賛同	81 49.1%	57 55.9%	24 38.1%
	どちらかといえば賛同	75 45.5%	44 43.1%	31 49.2%
	どちらともいえない	5 3.0%	1 1.0%	4 6.3%
	どちらかといえば賛同しない	4 2.4%	0 0%	4 6.3%
	全く賛同しない	0 0%	0 0%	0 0%
	無回答	0 0%	0 0%	0 0%
	χ2乗値	11.63**		

有意水準 *$p<0.05$, **$p<0.01$

資料15. インフォームド・コンセントの説明義務に対する考え方

		ICの効果（患者の自己決定を尊重する姿勢が身につく）		
		合計	効果がある	効果がない
	合計	165 100.0%	102 100.0%	63 100.0%
ICの説明義務に対する考え方	法律に関係なく当然かつ必要	69 41.8%	37 36.3%	32 50.8%
	患者の納得性が高まり、自ら選択できるから必要	79 47.9%	58 56.9%	21 33.3%
	法律で規定されているので説明せざるを得ない	1 0.6%	0 0%	1 1.6%
	医療紛争になる可能性もあり説明はやむを得ない	4 2.4%	2 2.0%	2 3.2%
	医師として自己防衛する上で必要	7 4.2%	1 1.0%	6 9.5%
	無回答	5 3.0%	4 3.9%	1 1.6%
	χ^2 乗値	15.39**		

有意水準　*$p<0.05$, **$p<0.01$

資料16. 診療に関する患者の自己決定の可能性

		ICの効果（患者の自己決定を尊重する姿勢が身につく）		
		合計	効果がある	効果がない
	合計	165 100.0%	102 100.0%	63 100.0%
診療に関する患者の自己決定の可能性	大いに可能	21 12.7%	15 14.7%	6 9.5%
	どちらかといえば可能	80 48.5%	53 52.0%	27 42.9%
	どちらともいえない	44 26.7%	29 28.4%	15 23.8%
	どちらかといえば不可能	19 11.5%	5 4.9%	14 22.2%
	全く不可能	1 0.6%	0 0%	1 1.6%
	無回答	0 0%	0 0%	0 0%
	χ^2 乗値	13.87		

有意水準　*$p<0.05$, **$p<0.01$

資料17. 医師と患者の望ましい関係

		ICによる病気の治癒効果		
		合計	大いに効果がある＋どちらかといえば効果がある	どちらともいえない＋どちらかといえば効果がない＋全く効果がない
医師と患者の望ましい関係	合計	165 100.0%	102 100.0%	63 100.0%
	医師は医療技術等を提供し，患者は受けとる立場という機能的な関係	33 20.0%	13 12.7%	20 31.7%
	医師が主人で患者が従者である主従の関係	5 3.0%	5 4.9%	0 0%
	医師が説明し，患者自らが治療方法等を決定するように促す関係	64 38.8%	39 38.2%	25 39.7%
	医師と患者が共に働きかけあうパートナーとしての関係	58 35.2%	40 39.2%	18 28.6%
	その他	5 3.0%	5 4.9%	0 0%
	無回答	0 0%	0 0%	0 0%
	χ^2乗値	14.48**		

有意水準　*p＜0.05,　**p＜0.01

資料18. 患者に対する働きかけの傾向

		医師と患者の望ましい関係		
		合計	機能的な関係＋主従の関係	患者自らが治療方法等を決定するように促す関係＋パートナーとしての関係
患者に対する働きかけの傾向	合計	165 100.0%	38 100.0%	122 100.0%
	評価的な傾向	15 9.1%	8 21.1%	7 5.7%
	χ^2乗値	7.89**		
	対話を働きかけ促す傾向	93 56.4%	14 36.8%	77 63.1%
	χ^2乗値	8.48**		

有意水準　*p＜0.05,　**p＜0.01

資料19. インフォームド・コンセントの実践に向けた障害点（患者の非協力的な態度）

		ICの効果（医師と患者の関係を超えて人間としての交流）		
		合計	効果がある	効果がない
ICの実践に向けた障害点	合計	165 100.0%	36 100.0%	129 100.0%
	患者の非協力的な態度	88 53.3%	28 77.8%	60 46.5%
	χ2乗値	10.53**		

有意水準 *p＜0.05, **p＜0.01

資料20. 各質問の中の「その他」の記入数

問いのNo.	6	7	13	15	18	20	21	22	28	31	Total
記入数（人）	1	5	1	1	4	8	5	2	5	15	47

資料21. 自由記入欄への記入分類と記入数

患者・家族の理解力	書類作成,事務手続き等の負担	インフォームド・コンセントの定義	時間がない	訴訟リスクの回避	医師の教育	場所がない	その他	Total
15 (22.3%)	12 (17.9%)	11 (16.4%)	11 (16.4%)	6 (9.0%)	5 (7.5%)	3 (4.5%)	4 (6.0%)	67 (100%)

資料22.「患者の自己決定の可能性」の志向別クロス集計分析

		患者の自己決定の可能性の志向		
		合計 (n=165)	可能 (n=101)	不可能 (n=64)
インフォームド・コンセントと医師本人の志向の関係				
問5 インフォームド・コンセントの考え方への賛否	「大いに賛同する」	49% (81)	<u>59% (60)</u>	33% (21)
問9 患者から医療情報の開示請求があった場合の対応	「積極的に応じる」	56% (93)	<u>61% (62)</u>	48% (31)
問10 ホスピタリティ用語の認知	「知っているが、意味については理解していない」	11% (18)	6% (6)	<u>19% (12)</u>
問15 患者に説明する際の重視点	「代替可能な治療方法の内容，目的，必要性，根拠，効果」	16% (27)	<u>23% (23)</u>	6% (4)
	「検査の目的と内容」	50% (82)	44% (44)	<u>59% (38)</u>
	「治療に際して予測されるリスク・副作用」	78% (129)	72% (73)	<u>88% (56)</u>
	「予測される後遺症」	27% (44)	23% (23)	<u>33% (21)</u>
問17 インフォームド・コンセントを実施する場合の医師としての準備	「患者の希望や気持ち・考えの理解」	44% (73)	<u>50% (50)</u>	36% (23)
問18 インフォームド・コンセントの考え方を実践するうえでの患者への要望	「担当医師の説明内容についての理解力・受け止める力」	50% (82)	<u>55% (56)</u>	41% (26)
	「予想されるリスクに対しての理解」	52% (85)	45% (45)	<u>63% (40)</u>

		患者の自己決定の可能性の志向		
		合計 (n=165)	可能 (n=101)	不可能 (n=64)
インフォームド・コンセントと患者の関係				
問26 インフォームド・コンセントを実施する際の患者との共感性や一体感の重視度	「大いに重視している」	22% (37)	**28% (28)**	14% (9)
問27 診察時から患者と信頼関係を築くことの重視度合い	「大いに重視している」	47% (78)	**52% (53)**	39% (25)
問28 医師と患者の望ましい関係	「医師が説明したうえで患者自らが治療方法等を決定するように促す関係」	39% (64)	**46% (46)**	28% (18)
	「医師は医療技術等を提供し、患者はそれを受けとる立場という機能的な関係」	20% (33)	13% (13)	**31% (20)**
インフォームド・コンセントと医療成果の関係				
問29 インフォームド・コンセントの治癒効果	「どちらかといえば効果がある」	45% (74)	**52% (53)**	33% (21)
問30 インフォームド・コンセントによる患者の人生への影響度	「かなり影響を与えると考える」	38% (62)	**43% (43)**	30% (19)
問31 インフォームド・コンセントの効果内容	「患者の自己決定を尊重する姿勢が身につく」	62% (102)	**68% (68)**	53% (34)

資料23. 患者の自己決定の可能性の志向に関する判別分析

		判別係数	P値
問2	病院全体でのインフォームド・コンセントの実践度合い	-0.097	0.704
問3	病院全体でのインフォームド・コンセントを実施するための時間的余裕	-0.212	0.310
問5	インフォームド・コンセントの考え方への賛否	**-0.724**	**0.014***
問9	患者から医療情報の開示請求があった場合の対応	-0.282	0.416
問11	ホスピタリティの実践度合い	-0.110	0.602
問26	インフォームド・コンセントを実施する際の患者との共感性や一体感の重視度	-0.084	0.759
問27	診察時から患者と信頼関係を築くことの重視度合い	-0.286	0.447
問28	医師と患者の望ましい関係	0.060	0.747

有意水準 *p＜0.05, **p＜0.01

資料24. 主成分分析のスクリープロット

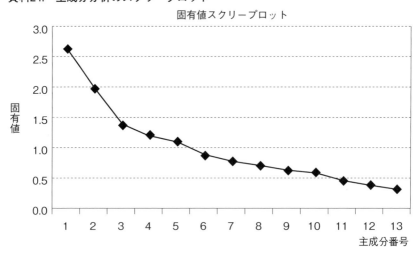

固有値スクリープロット

資料25. 主成分分析の主成分負荷量

	第1主成分	第2主成分	第3主成分	第4主成分	第5主成分
ICの組織的な理解	0.35	**0.71**	-0.28	-0.22	0.02
ICの実践度	0.26	**0.69**	-0.33	-0.34	-0.01
ICの時間的な余裕	0.19	0.42	0.26	**0.51**	-0.43
医療従事者間の意思疎通	0.12	**0.58**	0.15	0.39	-0.08
ICの考え方への賛否	0.27	0.27	**0.61**	-0.12	0.42
医療に対する確信度	0.26	-0.15	0.03	**0.58**	0.39
患者に不都合なことの説明	0.04	0.17	-0.38	0.19	**0.69**
患者の自己決定の可能性	0.24	0.19	**0.68**	-0.32	0.07
患者のあたたかい受け入れ	**0.54**	0.11	-0.26	0.23	-0.20
患者との友好的な応対	**0.65**	-0.37	-0.14	-0.12	-0.19
寛大な態度での応対	**0.71**	-0.22	-0.06	-0.24	0.04
患者との共感性の重視	**0.75**	-0.25	0.10	0.05	-0.06
患者との信頼関係の重視	**0.64**	-0.23	0.01	0.09	0.10

注：表の数値は，主成分負荷量を示す。また，絶対値0.5以上の値を太字にした。上記ICについては，インフォームド・コンセントのAbbreviation（省略形）である。

資料26. 問29 ICによる治癒効果に関する基本統計量

グループ	サンプル数	平均値	標準偏差
[＋　＋] グループ1	39	3.897	0.718
[＋　－] グループ2	38	3.763	0.943
[－　＋] グループ3	48	3.750	0.729
[－　－] グループ4	34	3.235	1.208

資料27. 問29 ICによる治癒効果に関する分散分析表

	偏差平方和	自由度	F値	P値	判定
因子（グループ間）	9.0657	3	3.7300	0.0126	**
誤差（グループ内）	125.5758	155			
全体	134.6415	158			

有意水準　*95%　**99%

資料28. 問29 ICによる治癒効果に関する分散分析後の多重比較検定（Tukey）

水準1	水準2	平均値1	平均値2	差	統計量	P値	判定
<u>1</u>	<u>4</u>	**3.8974**	3.2353	<u>0.6621</u>	3.1353	<u>0.0109</u>	*
4	2	3.2353	3.7632	0.5279	2.4843	0.0660	
3	4	3.7500	3.2353	0.5147	2.5511	0.0559	
3	1	3.7500	3.8974	0.1474	0.7598	0.8718	
1	2	3.8974	3.7632	0.1343	0.6545	0.9134	
3	2	3.7500	3.7632	0.0132	0.0673	0.9999	

有意水準 *95% **99%

資料29. 問30 ICの患者の人生への影響度に関する基本統計量

グループ	サンプル数	平均値	標準偏差
［＋ ＋］グループ1	39	4.000	0.795
［＋ －］グループ2	38	3.684	0.989
［－ ＋］グループ3	48	3.813	0.867
［－ －］グループ4	34	3.294	0.938

資料30. 問30 ICの患者の人生への影響度に関する分散分析表

	偏差平方和	自由度	F値	P値	判定
因子（グループ間）	9.6823	3	4.0155	0.0087	**
誤差（グループ内）	124.5818	155			
全体	134.2642	158			

有意水準 *95% **99%

資料31. 問30 ICの患者の人生への影響度に関する分散分析後の多重比較検定（Tukey）

水準1	水準2	平均値1	平均値2	差	統計量	P値	判定
<u>1</u>	<u>4</u>	4.0000	3.2941	<u>0.7059</u>	3.3557	<u>0.0054</u>	**
3	4	3.8125	3.2941	0.5184	2.5795	0.0520	
4	2	3.2941	3.6842	0.3901	1.8432	0.2562	
1	2	4.0000	3.6842	0.3158	1.5453	0.4118	
3	1	3.8125	4.0000	0.1875	0.9701	0.7657	
3	2	3.8125	3.6842	0.1283	0.6590	0.9118	

有意水準 *95% **99%

資料Ⅲ. インタヴュー調査の結果について

	氏名	組織・役職等	面接日	内容
1	A氏	勤務医（内科医）	2008年7月11日	●（インフォームド・コンセントについては，）各病院で実施してきていると考えています。1つたいへんなこととして書類が増えました。患者サイドで治療法について分からない場合に，患者情報室とか患者図書館など，病気について理解促進ができ，**納得性**が高まる場があるといいですね。また，医師が**説明**する時には専門用語を**平易な言葉**に直して説明することは大切なことです。それから，**視覚**に訴えることも**理解**を助けます。その点，プレゼンテーションの技術についてもトレーニングする必要性を感じています。
2	B氏	勤務医（内科医）	2008年7月26日	●日本人は，自身に知識が無いからお願いしますと，医療に関して全てを**依存**してくる傾向がまだあると思います。ただし，以前よりは若い方を中心に欧米と同じように変化してきていることも実際ですね。欧米では，自身の身体の情報を自分で**理解**すべく医学知識をはじめとした情報を，患者が求めるところがあって，自身で**勉強**されてくるし，分からないところは医師に尋ねる。ここが決定的な違いだと思います。日本人の心理なのかもしれませんね。実際には以前と違って**医学知識**もネット社会の中で，一般の方々も自由に，そして大量に得られるようになりましたから，かなり医学知識を持っていらっしゃる患者さんも多くなってきたと思いますから，今後は変化してくるのではないでしょうか。
3	C氏	勤務医／大学教員	2008年11月21日	●インフォームド・コンセントは，患者から求められて行っている側面があります。今の状況を**納得**してもらうことが重要ですね。治療方法を含め，今後の方針について**納得**していただく。このことが求められていることです。医療紛争への心配もあります。総合的に診ることができる医師も必要になります。
4	D氏	開業医／病院経営者（社会医療法人財団理事長・院長）	2008年11月27日	●まず，医師は**誠心誠意**，説明することです。「私はこう思う。僕の父親だったらこうすると思うよ」と。患者が**安心**するように話すことが患者との**関係づくり**をするうえで大切なことです。患者さんが良質で適正な医療を受けることができるように話すことです。 ●患者としては，自立していること。そして，**理解力**があることが重要です。医師の話を聴く能力と医師の話を受容し判断することができる能力が必要であると思います。それから，わからないことは**質問**すること。そのような意味で，患者も自らの病気について**勉強**しなければならないと思います。 ●インフォームド・コンセントは，医師と患者が**信頼関係**を築くための1つの手段であると考えます。医師と患者は，良好な人間関係のうえに成り立った正しい医療にすることが大切なことであると思います。

5	E氏	開業医／病院経営者（クリニック院長）／大学臨床教授	2008年12月22日	●インフォームド・コンセントについては，患者の方は広く情報を知りたいと考えます。一方，医師の方は患者に**医療情報**を与えた方が良いと思います。そして，医師によって伝え方が異なることから患者に伝わるニュアンスが異なることも考えられます。すなわち，インフォームド・コンセントは非常に重要であるが，患者は最終的に判断する力はないことが多い。医師が専門家として選択肢に重みづけをして患者に提示するのは妥当である。 ●（医師と患者は，）対等ではないと考えます。しかし，患者によっては医者が決めてくれという人もいれば，自分の思う通りにしたいという患者もいます。インフォームド・コンセントは患者の**満足度**と**納得度**が高ければ成り立つと考えます。医師は，**患者のタイプ**を見極めて，対応することが大切になると思います。 ●患者は医療内容を正しい意味で**理解**することが求められます。自分で受ける医療行為を１つ１つ**理解**し**納得**することが重要です。**納得**できない治療は受ける必要はありません。そして，その結果については自分の選択に責任を持つことが必要です。また，丁寧な**説明**を繰り返し医師に要求することができます。 ●患者の**理解**には限界があると思います。医師どうしでもどうしてもわからないことがあるんです。私は肝臓とすい臓が専門ですが，食道がんの手術となるとその専門医が言うことを信じるしかない。すなわち経験のない人はある人の言うことをきいた方が確実であるということです。 ●（医師と患者は，）一緒になって病いに立ち向かう関係で，患者が知っておいて良い**情報**と知ることによってかえって不安になる**情報**がありますから，両者を分けて考える必要があると思います。 ●医師は**結果**がすべてであると見られると，どうしてそのような**結果**になったのか，について明確に示す必要があります。
6	F氏	患者	2008年12月27日	●「先生だったら，どうする？」と尋ねました。返答は，「私だったら，やりますよ」だった。その時に腹をくくった。あらかじめ覚悟はできていましたが。家族を守るためにやろうと。**説明**される時には，医師が5名いました。家族は私を含め4名でした。 ●「ありがとう」という**感謝**の気持ち。拒否しようと思ったら，拒否することはできたが。人工血管でいこうと。人工血管の場合，感染症に罹りやすいという**リスク**はありましたが。 ●患者は具体的にどうしたらよいのかわからないんだから，患者は**医師に任せる**しかないのではないか。

注：抽出することができたキーワードについては太字にした。

■参考文献

日本語文献（翻訳を含む）

［1］ 相川充（1996）『利益とコストの人間学』講談社。
［2］ 赤津晴子（1996）『アメリカの医学教育：アイビーリーグ医学部日記』日本評論社。
［3］ 安藤瑞夫（1966）『産業心理学』有斐閣。
［4］ 足助美佳・松前佐希子・土屋八千代（1999）「インフォームド・コンセント用紙改善のプロセス」『看護学雑誌』63(12)。
［5］ 唄孝一（1970）『医事法学への歩み』岩波書店。
［6］ 福田剛久・高瀬浩造（2004）『医療訴訟と専門情報』判例タイムズ社。
［7］ 伏見清秀編著（2006）『DPCデータ活用ブック』じほう。
［8］ 伏見清秀（2008a）「DPCデータの活用」メディカルコンソーシアム・ネットワーク・グループ編集『DPC時代の病院経営を検証する』日本医学出版。
［9］ 伏見清秀（2008b）「再確認！DPC制度とは何か」『Nurshing BUSINESS 2008』Vol.2, No.6。
［10］ 伏見清秀（2008c）「学者が斬る 医療崩壊の原因は「非効率な配分」」『エコノミスト』2008.9.16。
［11］ 林徳治・沖裕貴（2007）『必携！相互理解を深めるコミュニケーション実践学』ぎょうせい。
［12］ 樋口範雄（2007）『医療と法を考える』有斐閣。
［13］ 井部俊子監修，服部健司・伊東隆雄著（2008）『医療倫理ABC』メヂカルフレンド社。
［14］ 井原久光（2005）『テキスト経営学［増補版］』ミネルヴァ書房。
［15］ 猪飼周平（2010）『病院の世紀の理論』有斐閣。
［16］ 今村仁司（2000）『交易する人間』講談社。
［17］ 今村知明・康永秀生・井出博生（2006）『医療経営学』医学書院。
［18］ イマヌエル・カント，篠田英雄・波多野精一・宮本和吉訳（1979）『実践理性批判』岩波文庫。
［19］ 医療倫理Q&A刊行委員会編（2005）『医療倫理Q&A』太陽出版。
［20］ 井関利明（1996）「リレーションシップ・マーケティング」『やさしい経済学』日本経済新聞1996年11月20日朝刊。
［21］ 泉田健雄（1987）『職務権限論』白桃書房。
［22］ 梶田昭（2003）『医学の歴史』講談社。
［23］ 狩俣正雄（2004）『支援組織のマネジメント』税務経理協会。
［24］ カール・ポラニー，吉沢英成・野口建彦・長尾史郎・杉村芳美訳（1975）『大

転換―市場社会の形成と崩壊』東洋経済新報社。

[25] 河原和夫(2001)「医療計画と健康日本21の政策構造」『Public Health』50(4), J. Natl. Inst.
[26] 菊澤研宗(2000)『組織の不条理』ダイヤモンド社。
[27] 菊澤研宗(2015)『ビジネススクールでは教えてくれないドラッカー』祥伝社。
[28] 木村憲洋・医療現場を支援する委員会編著(2008)『医療現場のための病院経営のしくみ』日本医療企画。
[29] 厚生省健康政策局医事課編(1985)『生命と倫理について考える』医学書院。
[30] 近藤隆雄(2012)『サービス・イノベーションの理論と方法』生産性出版。
[31] 栗原サキ子・鵜沢八江(2013)「A病院における医師が行った患者・家族へのインフォームド・コンセント内容の分析」『日本看護管理学会誌』Vol17. No. 2, 日本看護管理学会。
[32] 畔柳達雄・高瀬浩造・前田順司(2004)『わかりやすい医療裁判処方箋―医師・看護師必読書』判例タイムズ社。
[33] 畔柳達雄・児玉安司・樋口範雄(2008)『医療の法律相談』有斐閣。
[34] 前田勇(1995a)『サービス新時代』日本能率協会マネジメントセンター。
[35] 前田勇(1995b)『観光とサービスの心理学 観光行動学序説』学文社。
[36] 前田正一編集(2005)『インフォームド・コンセント:その理論と書式実例』医学書院。
[37] 真野俊樹(2005)『健康マーケティング』日本評論社。
[38] マルセル・モース,有地享訳(2008)『贈与論(新装版)』勁草書房。
[39] マーシャル・サーリンズ,山内昶訳(1984)『石器時代の経済学』法政大学出版局。
[40] 宮原哲(2006)『新版 入門コミュニケーション論』松柏社。
[41] 森岡恭彦(1994)『インフォームド・コンセント』日本放送出版会。
[42] 中島義道(2008)『カントの読み方』筑摩書房(ちくま新書)。
[43] 中西睦子(1995)『インフォームド・コンセントにおける患者の決断の"ゆれ"と看護婦の対応に関する研究』平成7・8年度科学研究費補助基礎研究B研究成果報告書。
[44] 西垣悦代・浅井篤・大西基義・福井次矢(2004)「日本人の医療に対する信頼と不信の構造」『対人社会心理学研究』4。
[45] 西谷修(2008)「理性の探求―15医における知と信―医療思想史のために」『UNIVERSITY PRESS』No.424, 東京大学出版会。
[46] 西山千明(1991)『新しい経済学:世界のための日本の普遍性』PHP研究所。
[47] 大槻真一郎翻訳・編集責任(1997)『新訂ヒポクラテス全集』エンタプライズ。
[48] 奥田健二(1990)『日本型経営の未来』TBSブリタニカ。
[49] 大橋理枝・根橋玲子(2007)『コミュニケーション論序説』財団法人放送大学教育振興会。

- [50] 大谷實（1997）『医療行為と法　新版補正第2版』弘文堂。
- [51] 朴容寛（2003）『ネットワーク組織論』ミネルヴァ出版。
- [52] 佐伯英行・高嶋成光・土井原博義（1993）「乳癌におけるインフォームド・コンセントのすすめ方」『癌治療と宿主』5 (2)。
- [53] 坂部恵（2001）『カント』講談社（講談社学術文庫）。
- [54] 坂部恵・牧野英二・有福孝岳（2006）『カント哲学案内―カント全集別巻』岩波書店。
- [55] 佐藤知恭（1995）『「顧客満足」を超えるマーケティング』日本経済新聞社。
- [56] 清水博（1999）『生命を捉えなおす：生きている状態とは何か』中央公論新社。
- [57] 清水滋（1968）『サービスの話』日本経済新聞社。
- [58] 田近栄治（2008）「財源を巡って」『Medical Asahi』2008年3月号，朝日新聞社。
- [59] 高瀬浩造・阿部俊子編（2000）『エビデンスに基づくクリニカルパス―これからの医療記録とヴァリアンス分析』医学書院。
- [60] 高柳暁・飯野春樹編（1993）『新版 経営学(2)』有斐閣。
- [61] 田中滋・二木立（2006）「保健・医療提供制度」『講座　医療経済・政策学』第3巻，勁草書房。
- [62] 谷田憲俊（2006）『インフォームド・コンセント その誤解・曲解・正解』NPO医療ビジランスセンター。
- [63] 田尾雅夫（2003）『組織の心理学［新版］』有斐閣。
- [64] 梅田修（1990）『英語の語源事典』大修館書店。
- [65] 若森みどり（2011）『カール・ポラニー―市場社会・民主主義・人間の自由』NTT出版。
- [66] 鷲田清一（1999）『「聴く」ことの力：臨床哲学試論』TBSブリタニカ。
- [67] 鷲田清一（2001）『弱さの力～ホスピタブルな光景～』講談社。
- [68] 吉原敬典（1995）『共働の推進：新しいマネジメント・プロセス』（学）産能大学。
- [69] 吉原敬典（1996）「円卓発想による創造マネジメント」『日本創造学会第18回研究大会論文集』日本創造学会第18回研究大会実行委員会。
- [70] 吉原敬典（1998a）『「開放系」のマネジメント革新：相互成長を実現する思考法』同文舘出版。
- [71] 吉原敬典（1998b）「ネットワークとマネジメントに関する調査研究」『（学）産能大学総合研究所リサーチペーパー』98-5,（学）産能大学総合研究所。
- [72] 吉原敬典（2000）「ホスピタリティ・マネジメントに関する実証的研究」『日本ホスピタリティ・マネジメント学会誌HOSPITALITY』第7号，日本ホスピタリティ・マネジメント学会。
- [73] 吉原敬典（2001a）「ホスピタリティ・プロセスに関する一考察（Ⅰ）」『日本ホスピタリティ・マネジメント学会誌HOSPITALITY』第8号，日本ホ

スピタリティ・マネジメント学会。

[74] 吉原敬典（2001b）「ホスピタリティを具現化する人財に関する一考察」『長崎国際大学論叢』第1巻（創刊号），長崎国際大学研究センター。
[75] 吉原敬典（2002）「ホスピタリティ・プロセスに関する一考察（Ⅱ）」『日本ホスピタリティ・マネジメント学会誌HOSPITALITY』第9号，日本ホスピタリティ・マネジメント学会。
[76] 吉原敬典（2003）「ホスピタリティ・プロセスに関する一考察（Ⅲ）」『日本ホスピタリティ・マネジメント学会誌HOSPITALITY』第10号，日本ホスピタリティ・マネジメント学会。
[77] 吉原敬典（2004）「ホスピタリティ・マネジメントの枠組みに関する研究（Ⅰ）」『日本ホスピタリティ・マネジメント学会誌HOSPITALITY』第11号，日本ホスピタリティ・マネジメント学会。
[78] 吉原敬典（2005a）『ホスピタリティ・リーダーシップ』白桃書房。
[79] 吉原敬典（2005b）「幸福感を感じる無償の働きかけ〜変革への起爆！！ホスピタリティ・マネジメントの登場〜」熊本学園大学ホスピタリティ・マネジメント学科（企画編集）『ホスピタリティの時代』熊本日日新聞情報文化センター（制作発売）。
[80] 吉原敬典（2005c）「ホスピタリティ・マネジメントの枠組みに関する研究（Ⅱ）」『日本ホスピタリティ・マネジメント学会誌HOSPITALITY』第12号，日本ホスピタリティ・マネジメント学会。
[81] 吉原敬典（2006）「ホスピタリティマネジメントの枠組みに関する研究（Ⅲ）—自律性と権限について」『学会誌HOSPITALITY』第13号，日本ホスピタリティ・マネジメント学会。
[82] 吉原敬典・高瀬浩造（2013）「医療におけるインフォームド・コンセントの研究」『日本経営学会経営学論集』第83集データベース自由論題管理番号：JBM_RP83-E86-2012_F_65。
[83] 吉原敬典（2013）「医療におけるホスピタリティ価値」『日本クリニカルパス学会第14回学術集会抄録集学会誌』Vol.15，No.4，357頁。
[84] 吉原敬典編著（2014）『ホスピタリティマネジメント—活私利他の理論と事例研究—』白桃書房。
[85] 吉武久美子（2007）『医療倫理と合意形成：治療・ケアの現場での意思決定』東信堂。

欧文文献

[86] Albrecht, K., *"THE ONLY THING THAT MATTERS"*, HarperCollins, 1992.＝カール・アルブレヒト著，和田正春訳（1993）『見えざる真実』日本能率協会マネジメントセンター

[87] Barnard, Chester I., *The Functions of the Executive*, Harvard University Press, 1938; 1968. = C.I. バーナード著，山本安次郎・田杉競・飯野春樹訳 (1968)『新訳　経営者の役割』ダイヤモンド社．

[88] Blackhall, L.J., Murphy, S,T., Frank, G., *et al.*, "Ethnicity and Attitudes Toward Patient Autonomy," *JAMA* 274(10), 1995. pp.820-825.

[89] Blau, P.M., *Exchange and Power in Social Life*, John Wiley & Sons, 1964. =ブラウ著，間場寿一・居安正・塩原勉訳（1974）『交換と権力』新曜社．

[90] Breaugh, J. A., "The Measurement of Work Autonomy, "*Human Relations* 38, 1985, pp.551-570.

[91] Breaugh, J. A., & Becker, A. S., "Further Examination of the Work Autonomy Scales: Three Studies," *Human Relations* 40, 1987, pp.381-400.

[92] Breaugh, J. A., "The Work Autonomy Scales: Additional Validity Evidence," *Human Relations* 42, 1989, pp.1033-1056.

[93] Brotherton, B., "Hospitality Management Research; Towards the Future?", B. Brotherton（ed.）, *The Handbook of Contemporary Hospitality Management Research*, John Wiley & Sons, 1999.

[94] Burke, R. J., "Methods of Resolving Superior-subordinate Conflict: The Constructive Use of Subordinate Differences and Disagreements, *Organizational Behavior and Human Performance* 5, 1970.

[95] CHRISTO NORDEN-POWERS, AWAKENING THE SPRIT OF THE CORPORATION, Christo Norden-Powers, 1994. =クリスト・ノーデン-パワーズ著，吉田新一郎・永堀宏美訳（2000）『エンパワーメントの鍵』実務教育出版．

[96] Prahalad C.K. & Ramaswamy Venkat, *The Future of Competition*, Harvard Business Review Press, 2004. = C. K. プラハラード＆ベンカト・ラマスワミ著，有賀裕子訳（2013）『コ・イノベーション経営：価値共創の未来に向けて』東洋経済新報社．

[97] Conger, J. A., & Kanungo, R. N., "The Empowerment Process：Integrating Theory and Practice", *Academy of Management Review* 13, 1988, pp.471-482.

[98] Delaunay, J.-C. & Gadrey J., *Services in Economic Thought*：*Three Centuries of Debate*, Kluwer Academic Publishers, 1992. = J. C. ドゥロネ＆ J. ギャドレ著，渡邉雅男訳（2000）『サービス経済学説史』桜井書店．

[99] Engel, G. V., Professional autonomy and bureaucratic organization, Administrative Service Quarterly, 15, 12-21, 1970.

[100] Faden, R. R., & Beauchamp, T. L., *A History and Theory of Informed Consent*, Oxford University Press, 1986.

[101] Chesbrough Henry, *OPEN SERVICES INNOVATION：Rethinking*

Your Business to Grow and Compete in a New Era, John Wiley & Sons International Rights, Inc., 2011. ＝ヘンリー・チェスブロウ著，博報堂ヒューマンセンタード・オープンイノベーションラボ監修・監訳（2012）『オープン・サービス・イノベーション：生活者視点から，成長と競争力のあるビジネスを創造する』阪急コミュニケーションズ．

[102] Homans, G.C., *Social Behavior*, Harcourt Brace Jovanovich, 1961. ＝ホーマンズ著，橋本茂訳（1978）『社会行動』誠信書房．

[103] O'Toole James, *VANGUARD MANAGEMENT*, Doubleday & Company, Inc., New York., 1985. ＝ジェームズ・オトゥール，土岐坤訳（1986）『バンガードマネジメント』ダイヤモンド社．

[104] Carlzon, Jan, *Moment of Truth*, Ballinger Publishing Co., 1987. ＝ヤン・カールソン著，堤栖二訳（1990）『真実の瞬間』ダイヤモンド社．

[105] Donovan, John, Tully, Richard, & Wortman, Brent *The Value Enterprise*, Mc-Graw-Hill Ryerson, 1998.＝J.ドノバン，R.タリー&B.ワートマン著，デロイト・トーマツ・コンサルティング戦略事業部訳（1999）『価値創造企業』日本経済新聞社．

[106] Albrecht K. & Zemke Ron, *Service America !*, Dow Jones -Irwin, 1985. ＝K.アルブレヒト&R.ゼンケ著，野田一夫監訳（1988）『サービスマネージメント革命』HBJ出版局．

[107] ALBRECHT KARL, *THE POWER OF MINDS AT WORK*, AMACOM, 2003. ＝カール・アルブレヒト著，有賀裕子・秋葉洋子訳（2003）『なぜ，賢い人が集まると愚かな組織ができるのか：組織の知性を高める7つの条件』ダイヤモンド社．

[108] Koontz, H., & O'Donnell C, *Principles of Management*, 3rd ed., Mc-Graw-Hill, 1964. ＝H.クーンツ&オドンネル，大坪檀・高宮晋・中原伸之訳（1965）『経営管理の原則　第1巻　経営管理と経営計画』ダイヤモンド社．

[109] Anderson Kristin & Zemke Ron, *Delivering Knock Your Socks Off Service*, AMACOM. ＝K.アンダーソン&R.ゼンケ著，佐藤知恭・佐藤美雅訳（1993）『固定客を獲得するサービス―顧客をアッといわせる31の秘訣』HBJ出版局．

[110] Lovelock & Wright, *Principles of Service Marketing and Management*, Prentice Hall, 1999.＝C. H.ラブロック&L. K.ライト著，小宮路雅博監訳，高畑泰・藤井大拙訳（2002）『サービス・マーケティング原理』白桃書房．

[111] Morrison & O'Gorman, *Hospitality Studies: Liberating the Power of the Mind*, Cauthe, 2006.

[112] Osuna, E., Perez-Carceles, M.D., Perez-Moreno, J.A., *et al.*, "Informed Consent : Evaluation of the Information Provided to Patients before Anesthesia and Surgery," *Med Law* 17, 1998, pp.511-518.

[113] Drucker Peter F., *The Practice of Management*, Harper & Brothers Pub-

lishers, 1954. = P. F. ドラッカー著, 野田一夫監訳, 現代経営研究会訳（1987）『現代の経営（上）』ダイヤモンド社.

[114] Kotler Philip & Armstrong Gary, *Principles of Marketing*, 6th ed., 1994.

[115] Kotler Philip, *Marketing 3.0 : From Products to Customers to the Human Spirit*, John Wiley & Sons International Rights, Inc., 2010. = フィリップ・コトラー他著, 恩蔵直人監訳, 藤井清美訳『コトラーのマーケティング3.0：ソーシャル・メディア時代の新法則』朝日新聞出版.

[116] Scherer Rene, *ZEUS HOSPITALIER, Èditions* Armand Colin, 1993. = ルネ・シェレール著, 安川慶治訳（1996）『歓待のユートピア』現代企画室.

[117] Normann Richard, *Service Management*, 1st ed., 1984.

[118] Schein, Edgar H., *Organizational Psychology*, 3rd ed., 1980. = エドガー・シェイン著, 松井賚夫訳（1981）『組織心理学（原書第三版）』岩波書店.

[119] Schmidt, W., "Conflict: A Powerful Process for（Good or Bad）Change," *Management Review* 63(12), 1974, pp.4-10.

[120] Stewart, I., & Joinnes, V., *Ta today : A New Introduction to Transactional Analysis*, 1987. = I. スチュアート & V. ジョインズ著, 深澤道子監訳（1991）『TA TODAY：最新・交流分析入門』実務教育出版.

[121] Strull, W.M., Lo, B., & Charles, G., "Do Patients Want to Participate in Medical Decision Making?," *JAMA* 252(21), 1984, pp2990-2994.

[122] Thomas, K., & Schimidt, W., "A Survey of Managerial Interests with Respect to Conflict, "*Academy of Management Journal* 19, 1976, pp.315-318.

[123] Peters Tom, *The Tom Peters Seminar*, Vintage Books 1994.= トム・ピーターズ著, 平野勇夫訳（1994）『トム・ピーターズの経営破壊』阪急コミュニケーションズ.

[124] Ramaswamy Venkat & Gouillart Francis, *The Power of Co-creation*, Simon & Schuster, 2010. = ベンカト・ラマスワミ & フランシス・グイヤール著, 尾崎正弘・田畑萬監修, 山田美明訳（2011）『生き残る企業のコ・クリエーション戦略：ビジネスを成長させる「共同創造」とは何か』徳間書店.

[125] Yoshihara, K., & Takase. K., "Correlation between Doctor's Belief on the Patient's Self-determination and Medical Outcomes in Obtaining Informed consent", Tokyo Medical and Dental University Journal of Medical and Dental Sciences, 60(1), 2013, pp.23-40, Tokyo Medical and Dental University.

索 引

◆ 欧文

Adherence 101
ANOVA 96, 97, 99, 100
Autonomy 29
Care 31
Collaborating 64
Cure 32
Delight 55
Guest 28, 30
Hospes 6, 7, 28, 29, 105
Hospice 28
Hospital 6, 28, 85, 103
Hospitality 39
Host 28, 30
Hostel 28
Hostility 30, 52, 102
Hostis 28
Hotel 6, 28
Interactive 63
IT化 13, 37, 49
Narrative 55
Paternalism 102, 104
Potis 28
PS 52
QOL 6, 7, 27, 31, 61, 63, 100
Resource 101
Servant 11
Service 10
Servus 7, 11, 105
Slave 11
Stakeholder 45
Supporters 53
Tukey 96, 97, 99, 100
χ^2乗検定 78

◆ あ行

アイデンティティ 39
アクセシビリティー 48
味わい 62, 109
暖かみ 62, 109
アドヒアランス 101, 103
アンケート調査のフレームワーク 68
安心 57, 67, 107
安心感 16, 24, 55, 101
安全性 16
安全性価値 16, 48
イーブン・パートナー 30
医学教育 23
医学知 48
医学知識 11, 67
怒りの感情 102
憩い 62, 109
意識改革 86
意思決定の質 103
医師と患者の関係 22
医師としての信念・確信 95
医師の説明 18
医師の説明義務 19, 20
医師のプロフェッション 22
医師の遍在 103

医師の免責	90	医療サービス	12, 14
医師本人の志向	69	医療サービス活動・機能	27
医師任せ	22, 67, 76, 102	医療事故	14, 101
異人歓待の風習	28	医療従事者	6, 12, 29, 30, 37, 56, 63, 64, 101, 102, 103, 109
依存	67		
一次元配置の分散分析	96, 97, 99, 100	医療情報	67, 98
一方向性	15, 31	医療成果	6, 69, 99, 100
一方向的	48, 49, 53, 56, 101	医療訴訟	90, 101
一方向的な関係	12	医療提供体制	48
一方向的な働きかけ	53	医療の個別化	27
一方向的な理解	15, 53, 102	医療の「質」	66
一過性	14	医療の標準化	101
一体感	39, 98	医療ミス	14, 108
一体感のある場	59	医療モデル	86, 168
委任契約	11	医療倫理	1
異邦人	28, 108	インタラクティブな関係	63
意味形成的人間観	37	インフォームド・コンセントについての仮説	91
意味探索人	36		
癒し	62, 109	インフォームド・コンセントの概念	1, 18, 22, 70, 84, 105
医療関係者	87		
医療技術	11, 99	潤い	62, 109
医療技術水準	48, 77	エンターテインメントの発想	168
医療経営	6, 16, 37, 46, 48, 49, 53, 102, 105, 106	円卓発想	58, 59, 60, 61, 64
		円卓発想の要件	59
医療経営における ホスピタリティマネジメント	38	応答性	29
		オーダーメイド	27, 101
医療経営の基本	47	恐るべき敵	30
医療経営の基本原理	16, 45, 47	おたがいさま	30
医療経営の重点	54	オリジナリティ	56
医療経営のフレームワーク	7	オンリーワン	56
医療経営の目的	41		
医療現場における余裕	95	◆か行	
医療行為	14, 19, 48	カール・アルブレヒト	44
医療コミュニケーション論	1	開業医	12

科学的管理法	46	患者の同意・承諾	18
価格要因	45	患者の不安感・不信感	55
カスタマイズ	27	患者のリソース	101
仮説の検証	93	患者離れ現象	43
仮説の補足説明	92	患者への個別的な対応	42
価値創造人	37	患者満足	50, 106
価値創造的人間観	34, 36, 37, 47, 65	感動	57, 106
価値創造の過程	60	願望価値	32, 42, 86
活私利他	6, 62, 65	感銘	57, 107
活動・機能	10	感涙	57, 107
活動・機能の有用性	12	機械化	13, 49
神の被造物	23	機械的	15, 40, 49, 50, 52, 53, 102
感覚的要因	45	規格化	49
歓喜	57, 107	期待価値	32, 42
環境要因	45	期待を超えて	49
関係者の組織化	62	機能的な関係	22, 31, 76, 80, 86, 89, 98, 99, 108
関係性	44	基本価値	42
関係づくり	67	基本的な人権	20
感激	57, 107	義務的	15, 22, 40, 48, 49, 52, 102
感謝	67	客人	30
患者価値	41, 42, 43, 86	キュア	31, 56
患者参加型の医療システム	26	急性期医療	18
患者との関係	69, 101	共感性	55, 98
患者の権利	19, 90	共創	30, 101, 103
患者の個別化	101	共存可能性	7, 45, 47
患者の自己決定	18, 76, 97, 100, 102, 105	驚嘆	57, 107
患者の自己決定の可能性	91	業務機能	48
患者の自己決定を促す志向	95	業務独占事業	12
患者の主観的な基準	15	近代経済学	10
患者の主観的な評価価値	61, 64, 101, 107	勤務医	12
患者の承諾	19	クオリティ	15
患者の人生や幸せ	92, 97, 99, 100, 101	具体的患者基準説	5
患者の人生や幸せへの影響度	91	寛ぎ	62, 109
患者のタイプ	67		

クリニカルパス	48
クレーム	15, 43
クロス集計分析	77, 97
ケア	8, 31, 56, 86, 102, 167
ケアの中のキュア	32
経営資源	13
経営のエンジン	49
計画権限	61
経済人仮説	46
経済的動機	13
経済的人間観	37, 47
経済的報酬	46, 51
形式的	22, 49, 50, 102
傾注志向	69
ゲスト	11, 12, 28, 53, 65
結果	67
欠乏	41, 106
欠乏動機	52
原価	15
限界多き存在	34
コアサービス	51
合理的患者基準説	4
効率化	49
効率経営	49
効率性	12, 15, 31, 101
合理的医師基準説	4
交流	31
交流し合う場づくり	38
交流姿勢	69
交流性	30, 38, 69
交流の源泉	35
コーリン・クラーク	10
顧客価値	11
顧客のニーズ	41
心を働かせる頭脳労働	64
互酬性	28
古典派経済学	10
言葉遣い	39, 41, 49, 65, 102
個別的	30, 54, 55, 107
コ・メディカル	42, 44
コンセント	19
コンフリクト	57, 64
コンプレイント	15, 43

◆ さ行

サービス概念	6, 105
サービス概念のルーツ	7, 11
サービス価値	6, 15, 41, 47, 90, 95, 98, 100, 101, 103, 108
サービス価値を超えて	49
サービス管理サイクル	47, 51
サービス・サイクル	47
サービス実施サイクル	47, 51
サービス精神	10
サービスの有用性	11
サービス評価表	51
サービス・マネジメント論	44, 54
サービス理念サイクル	47, 50
裁判例に関する解釈	1
サブサービス	51
サルコペニア	55
視覚	67
自己効力感	6, 57, 63, 103
自己実現的人間観	37, 46
自己の領域	37, 46, 69
「自己」の領域	35
自己発揮のプロセス	37
自己利益の最大化	7, 16, 34, 37, 45, 46

支持者	53	「親交」の領域	36
システム化	13, 49	親交の領域	37, 38, 46, 69
自省人	36	新古典派経済学	46
親しみ	62, 109	人事処遇の体系	108
執行権限	61	真実の瞬間	45
質問	67	侵襲	19
自動化	49	迅速性	16
支配と服従の関係	30	人的資源	51, 166
自発性	29	人的資源管理	108
清水滋	10	信頼感	53, 55, 98
社会的人間観	37, 46	信頼関係	12, 34, 39, 45, 55, 67, 76
重回帰分析	104	心理面のケア	55
集団的	48	診療契約	4
柔軟性	29	診療情報の開示請求	21
主観的な評価価値	6	診療報酬	12, 13, 14
主観的に評価する価値	41	遂行意欲	69
主従の関係	22, 31, 76, 80	遂行責任	60
主人	30	スクリープロット	94
主成分得点によるグループ分類	96	生活モデル	168
主成分負荷量	95	清潔性	16
主成分分析	94, 99	誠心誠意	67
主体性	29	生存可能性	7, 45
受容性	30, 34	成長モデル	168
準委任契約	20	セカンドオピニオン	21, 32, 75, 122, 123, 134, 136
情報	67	節度	39, 41, 49, 65, 102
情報の非対称性	4, 21, 24, 30, 90, 102, 108	説明	67
情報要因	45	説明義務	4, 21, 23, 90
自律	2, 31	説明責任	60, 76
自律性	19, 34, 38, 60, 69, 108	善行の原則	2
自律的な存在	29	相違関係	33
自律の源泉	35	相関分析	77
自律の原則	2	相互依存	24
親交促進のプロセス	38	相互歓喜	56, 64

「相互関係」を取り結ぶプロセス	37
相互幸福	46, 59
相互作用	30
「相互作用」を促進するプロセス	38
相互性	44
相互成長	59
相互繁栄	59
相互補完	24, 31
相互補完性	39, 69
相互補完的	54, 107
相互補完的な関係性	19
相互補完の関係	4, 22, 24, 30, 31, 34, 59, 65, 67
「相互補完」のプロセス	38
相乗効果	39, 40, 62, 69, 107
相乗効果を高める関係	65
創造的な活動	49
創発	44
双方向的	54, 107
双方向の交流	30
属性分析	34, 38
組織関係者	40, 59, 63, 64
存続可能性	47

◆ た行

語	頁
対価	11, 13, 15
代行機能	12
対称関係	33
代替可能な治療方法	20, 98, 121, 144
態度	10, 39, 41, 49, 65, 102
対等	31
対等性	30, 69
対等な関係	60
高み	62, 109

語	頁
他者との共存可能性	34
多重比較検定	95, 96, 97, 99, 100
多職種	60, 65
多職種連携	109
達成推進し合う場づくり	38
達成推進のプロセス	38, 57
「達成」の領域	36
達成の領域	37, 38, 46, 69
堪能	57, 107
地域包括ケア	12, 107, 109
チーム発想による運営	60
重複関係	32
ツー・ウェイ・コミュニケーション	60
出会いの場づくり	37, 40
提供物要因	45
定性的記述	80
テイラー	46
敵	30
敵意	52, 102
適正利益	46
敵対関係	30
敵対的な行為	52, 102
手続き要因	45
同時性	14

◆ な行

語	頁
内部顧客	47
和み	62, 109
納得	24, 67
ナラティブ情報	55, 107
日本医療研究開発機構	58
人間価値	6, 40, 41, 65, 102
人間の本質	32
人間要因	45

人間力マネジメント	108
温もり	62, 109
能力発揮	6, 64, 65
能力発揮力	40

◆は行

パートナーとしての関係	76, 80, 89
唄孝一	1
配慮的	54, 107
パターナリズム	22, 76, 102, 104
判断の質	103
判別分析	93
ビジネス・モデル	51
必要	41, 106
非日常	56
ヒポクラテスの誓い	2
ヒューマン・リソース・マネジメント	108
病院機能	55, 108
病院経営	12, 13, 77, 87
病院全体のサービス価値の重視	95
病院マネジメント	68, 106
病院マネジメント改革	86, 109
病気の治癒	6, 92, 99, 100, 101, 102
病気の治癒効果	91, 97, 101
病気の予防	108
標準化	13, 37, 49
標準化された医療	53
ファン	53
不安感	16, 101, 167
フィリップ・コトラー	11
不快感	55
不可逆性	14
深み	62, 109
複雑的人間観	47
不自由	41, 106
不信の構造	3
不足	41, 106
物的資源	51
不透明	41, 106
不備	41, 106
不平	42, 106
不便	41, 106
不満	42, 106
不明瞭	41, 106
不利	41, 106
フリーアクセス	53
フレイル	55
分散分析	95
平易な言葉	67
ベネフィット	46
勉強	67
包含関係	31
報告義務	4
補完関係	32
ホスティリティ	30
ホスト	11, 12, 53
ホスピタブルな空間	85
ホスピタリティ概念	6, 105
ホスピタリティ概念の特性	34, 35
ホスピタリティ概念のルーツ	7, 34, 35, 65, 85
ホスピタリティ価値	6, 41, 54, 95, 97, 98, 100, 101, 103, 105, 108
ホスピタリティ価値の目標項目	61
ホスピタリティ具現化の場	59
ホスピタリティ経営	62, 65
ホスピタリティ産業	28
ホスピタリティ人財	35, 37, 57

ホスピタリティの定義	35, 37, 57	◆ や行	
ホスピタリティの中のサービス	31	優しさ	62, 109
ホスピタリティプロセス	35, 38	安らぎ	62, 109
ホスピタリティマネジメント	27, 41, 45, 46, 47, 59, 61, 62, 64, 101, 106	山中伸弥	57
		やり甲斐	49, 108
ホスピタリティマネジメントの基本原理	6, 7, 45, 65	有形財	14
		有形性	14
ホスピタリティマネジメントの定義	40	有効回答率	70
ホスピタリティマネジメントの目的	59, 61, 64	予想外	56
		予測困難	15
ポリシー	39, 41, 49, 65, 102	予防医学	55
ポリファーマシー	56	喜び	55
◆ ま行		◆ ら行	
前田勇	10	利益最大化モデル	46
マニュアル化	13, 49	理解	67
マニュアル的	48, 49, 55	利害関係者	45, 47
マネジメント課題	65	理解力	67
マルクス経済学	10	リスク	67
満足	52	リソース	101
満足度	67	リハビリテーション	21
満足を超えて	49	リピーター	53
未知価値	42, 86	累積寄与率	94
未来創造のパートナー	57	ルール・約束事	39, 41, 49, 65, 102
魅了	57, 107	礼儀	39, 41, 49, 65, 102
無形財	10	連携	30, 56, 60, 62, 87, 109
無形性	14	ロボット化	13, 37, 49
無償性	10		
無人化	49		
明瞭性	16		
モーメント・オブ・トゥルース	42		
モチベーション	108		
モティベーターズ	51		
物腰	39, 41, 49, 65, 102		

あとがき

　本書は，基本的には東京医科歯科大学大学院医歯学総合研究科にて審査を受けた修士論文，及び博士論文に基づき，教科書として大幅に加筆し修正したものである。群馬大学医学部付属病院の問題が発生したこともあり，さらには千葉がんセンターと神戸国際フロンティアメディカルセンターの問題も発覚して，医師と患者の関係に危機感を抱きながらの執筆であった。本研究が，日本におけるインフォームド・コンセントの新たな進展に貢献できるとすれば，筆者として望外の喜びである。本研究はほんの一里塚にすぎない。今後，さらに深めていくことでご期待に応えていければと考えるものである。

　これから20年後の医療を考えると，最大の関門は高齢者への対応である。高齢化の現象が引き起こす諸問題はますます現実化し深刻になっていくであろう。国立社会保障・人口問題研究所によると，2024年には65歳以上の人口割合が30％になるものと予測されている。因みに，現在は22％で4人に1人が高齢者である。このような高齢社会においては，何がキーワードになるであろうか。「潤い」「安らぎ」「癒し」「憩い」「寛ぎ」「暖かみ」「温もり」「味わい」「和み」「親しみ」「優しさ」「深み」「高み」等の言葉が，今よりも実質的な意味を持って受け入れられていくであろう。また，そこには経済的動機に基づいた関係を超えて人間が互いに補完し合ってどう生きていくのか，について1つの解を導き出すことが求められているといえよう。望ましい姿は，医師と患者が共に相互補完関係の立場から，互いに交流し合う関係のあり方について明らかにすることである。また，高齢社会の到来による医療費の増加，人的資源の不足，財源不足への対応などを視野に入れてアプローチしていかなくてはならない。

　筆者は，米国の病院を視察するため2010年の8月24日に成田を飛び立ち，サンフランシスコ経由でオーランド入りした。視察先と内容については，下

記の通りである。今後，この経験が役に立つかもしれない。いや役立たせなければならない。

- Give Kids The World Villageの視察では，ボランティアと寄付者の現状に関する意見交換。
- Celebration Healthにおいては，病棟・検査室・ジム等の物的資源管理の状況，インフォームド・コンセントの実施状況，及び病気予防のためのプログラムや心理面のケアに関する意見交換。
- Florida Hospital Orlandoの視察では，Florida Hospital Orlandoにおけるウォルト・ディズニーのコンセプト導入の現状，心理面ケアの現状，インフォームド・コンセントの実施状況，病棟・手術室等の環境づくり・施設管理の状況把握，及びロボット手術に関する意見交換。
- MD Anderson Cancer Center，Arnold Palmer Hospital for Childrenの視察で両病院において，小児科病棟・手術室・診察室・エントランスロビー等の視察，インフォームド・コンセント／ケアの実施状況の把握，及び患者図書館や寄付行為に関する意見交換。

どの病院においても共通的にいえることは，「患者」の心のケアに重きを置いている点である。病院のいたるところに絵画を掲げていたことは，とても印象的であった。また，至るところでLove, Courage, Faith, Healing, Peace, Hope, Trust, Strengthなどのキーワードを目にしたことはその証左であろう。このことは，人間を全人的な存在として身体（Body）のみではなく，MindやSpiritにも関心を持ち実際にケアしていることが窺える。どの病院においても，誰もが抱く不安感を取り除く工夫をしている点については，日本の病院とは大きく異なっていると感じた。これは，顕著な特徴の１つであった。特にフロリダ病院では，MRI検査を行う部屋の天井に桜の木を写し出していた。日本の病院と単純に比較することは慎むべきであるが，見習うべき点は多くあるように思う。今後，参考にしたいところである。患者が不安感を感じる検査については，夏のビーチに見立てたペインティングや設備等，創意を凝らしていた。検査室のドアの上に「MR Island」と命名しているプレートを掲げている点などは，アメリカの懐の深さを垣間見ることができ

た。また，ホスピタリティ概念の中に含まれているエンターテインメントの発想が随所に感じられた。何よりも大きな収穫であった。日本とアメリカでは病院の成り立ちが異なり，軽々なことはいえないが見習うべき点は大いに取り入れていけばよい。今後とも，課題が多い医療経営に対してサービス概念，及びホスピタリティ概念からアプローチしていく所存である。1人では限界多き人間を医療モデルだけからではなく，成長モデルや生活モデルの視点からアプローチし研究していく所存である。

吉原　敬典

〈著者紹介〉

吉原　敬典（YOSHIHARA, Keisuke）

博士（学術）東京医科歯科大学
目白大学経営学部経営学科教授・大学院経営学研究科経営学専攻教授
立教大学大学院ビジネスデザイン研究科兼任講師（ホスピタリティマネジメント1・2担当）

　1955年広島県尾道市因島生まれ。立教大学経済学部経営学科卒業，東京医科歯科大学大学院医歯学総合研究科修士課程・博士課程修了。長崎国際大学人間社会学部助教授などを経て，現職。専門はホスピタリティマネジメント論。修士（医療管理学）。ビジネスクリエーター研究学会副会長，ホスピタリティマネジメント研究会会長。

　日本ホスピタリティ・マネジメント学会理事，幹事長，常任理事，会務担当理事を歴任。2013年9月には東京医科歯科大学大学院医歯学総合研究科MMA（医療管理政策学）コース創設10周年記念特別講義の講師を務めた。全日本能率連盟賞，通商産業省産業政策局長賞等　各受賞。主な著書は，『ホスピタリティマネジメント－活私利他の理論と事例研究－』（編著）白桃書房，『ホスピタリティ・リーダーシップ』（単著）白桃書房，『「開放系」のマネジメント革新（第4版）』（単著）同文舘出版など多数。その他学術論文・学会報告など多数。

■ 医療経営におけるホスピタリティ価値
　　── 経営学の視点で医師と患者の関係を問い直す ──

■ 発行日──2016年4月26日　初版発行　　〈検印省略〉
■ 著　者──吉原 敬典
■ 発行者──大矢栄一郎
■ 発行所──株式会社　白桃書房
　　　〒101-0021　東京都千代田区外神田5-1-15
　　　☎03-3836-4781　📠03-3836-9370　振替00100-4-20192
　　　http://www.hakutou.co.jp/

■ 印刷・製本──藤原印刷

　　©YOSHIHARA, Keisuke 2016 Printed in Japan　ISBN 978-4-561-26674-7 C3034

本書のコピー，スキャン，デジタル化等の無断複製は著作権法上での例外を除き禁じられています。本書を代行業者等の第三者に依頼してスキャンやデジタル化することは，たとえ個人や家庭内の利用であっても著作権法上認められておりません。

JCOPY 〈㈳出版者著作権管理機構 委託出版物〉
本書の無断複写は著作権法上の例外を除き禁じられています。複写される場合は，そのつど事前に，出版者著作権管理機構（電話03-3513-6969，FAX 03-3513-6979，e-mail：info@jcopy.or.jp）の許諾を得てください。

落丁本・乱丁本はおとりかえいたします。

好評書

吉原敬典【著】
ホスピタリティ・リーダーシップ 本体 2,700 円

吉原敬典【編著】
ホスピタリティマネジメント 本体 2,500 円
　　—活私利他の理論と実践事例

坂下昭宣【著】
経営学への招待[第3版] 本体 2,600 円

明治大学経営学研究会【編】
フレッシュマンのためのガイドブック 経営学への扉[第5版] 本体 2,800 円

今口忠政【著】
事例で学ぶ経営学[改訂版] 本体 2,800 円

川村稲造【著】
仕事の経営学 本体 2,600 円
　　—職務の機能と進路を考える

田村正紀【著】
リサーチ・デザイン 本体 2,381 円
　　—経営知識創造の基本技術

國學院大學経済学部【編】
組織マネジメントのリアル 本体 1,850 円
　　—白熱教室「現代の企業経営」

東京　**白桃書房**　神田

本広告の価格は本体価格です。別途消費税が加算されます。